あなたは何者か、どこから来て、どこへ行くのか

超時空体験マニュアル

あなたにもできる、過去世・未来世体験

坂本政道・監修／芝根秀和・著

ハート出版

驚異のヘミシンク実践シリーズ 3

監修の言葉

　本書は、過去や未来など、時間や空間を超えて存在するさまざまな自分を、ヘミシンクを使って体験するためのマニュアルです。つまり、過去世の自分を体験したり、未来を垣間見る方法を解説した本です。

　アクアヴィジョン・アカデミーでは、そのためのヘミシンク・セミナーを2005年以来開催してきています。その中で多くの方が時空を超えて貴重な体験をしています。
　そういった体験をとおして、深い癒しや気づきが得られた方も大勢いらっしゃいます。今生での両親や配偶者と過去から深い縁があったことに気づかされ、今の人生での関係の大切さに気づかされた方もいます。今抱える問題の原因がわかり、それを解決できた方もいます。このように過去世を知ることには計り知れない意義があります。
　また未来の可能性を知ることが、今の行ないを改めるきっかけになる場合もあります。

　このように大きな意義がある超時空体験について、本書はアクアヴィジョン・アカデミーでの豊富な体験例を元にして書かれています。
　そもそも過去世や未来世体験とはどういう体験なのか、いくつもの興味深い事例が紹介されていますので、思わず読み進んでしまうのではないでしょうか。
　さらに、そういう体験にはどういう意義があるのか、そして、最も重要なことですが、具体的にどうやるのか、わかりやすく解説されています。

　著者の芝根さんはこれまでにも『ヘミシンク完全ガイドブック』シリーズ

や『あきらめない！ ヘミシンク』、『これならわかる！ ヘミシンク入門の入門』を書かれてきていますが、そのわかりやすさには定評があります。

　本書も前例にもれず、頭にスーッと入るように書かれています。

　ただ、読んだだけでは何も起こりません。ヘミシンクは聴かないことには体験できません。ぜひ実際に聴き、試してみてください。

　ヘミシンクのすばらしい点は、自分で体験できることです。人に見てもらうのでも教えてもらうのでもありません。それでは、そうかな？程度で終わってしまいます。そうではなく、直接自分で体験できるところにヘミシンクの良さがあります。

　みなさんもぜひ本書をお読みになって、実際にヘミシンクCDで時空を超える体験をしてみてください。

モンロー研究所公認レジデンシャル・ファシリテーター
（株）アクアヴィジョン・アカデミー 代表取締役
坂本　政道

はじめに

　今のあなたは、どこから来たのでしょうか？
　今のあなたの前は、何をしていたのでしょうか？
　別の時代、別の世界にもいた（いる）自分を、
　あなたは知っていますか？
　あなた自身についての深い理解を得て、
　より自由に、喜びにあふれた人生を歩んでいきましょう。

「私」という存在は、今の「私」一人だけではありません。時間と空間を超えて、さまざまな「私」が存在します。過去の私、未来の私、向こう側の私、別の世界の私……それらたくさんの「私」がつながって、「大きな私・総ての私（トータルセルフ）」が成り立っています。そして「私」の数だけ、それぞれの人生があります。それらの中には、良くも悪くも、今の人生に大きな影響を与えているものがあります。
　私たちは、別の自分、別の人生で経験した（する）ことについて知り、理解することによって、「今の自分」の抱える問題や障害を取り除いたり、知らなかった才能や能力に気づいたり、あるいは新しい価値観を身につけたり、幸福感を得たりすることができます。

　「超時空」——時間と空間を超える体験。ヘミシンクがそれを可能にします。ヘミシンクを活用することで、私たちは誰でも簡単に、時間と空間を超えて、過去世を探索したり、あちらの世界や別の世界の自分を発見したり、さらには未来を探索したりすることができます。

人から聞いたり教えてもらったりするのではなく、自分自身で体験できるのです。それがヘミシンクの醍醐味です。

　本書では、ヘミシンクを使った超時空体験の方法をお伝えします。具体的には、フォーカス15――「無時間の状態」という、時間の束縛から自由になった意識状態で、時空を超えた探索のエクササイズを行ないます。
　本書でご紹介する内容は、アクアヴィジョン・アカデミーの「**フォーカス15超時空コース**」という1日セミナーでお伝えしているプログラムに基づいています。
　さらに本書では、「**ヘミシンクによる過去世（別の人生）探究（2010年発売）**」と「**未来の探索（2012年発売）**」という、市販されている2枚のCDを使ったエクササイズをご紹介します。この2枚のCDは、シングルタイトルの中のマインド・フードと言われるジャンルのもので、音声ガイダンス（ナレーション）によって瞑想状態へと導かれる、いわゆる誘導瞑想のエクササイズです。ヘミシンクが初めての方でも聴けるような、わかりやすい構成になっています。

　本書は「驚異のヘミシンク実践シリーズ3」です。モンロー研究所やヘミシンクについての基礎知識をすでにお持ちの方を対象にしています。巻末にも資料を載せていますが、ヘミシンクについて詳しく知りたい方は、他の書籍をご覧ください。同じく巻末に参考図書を載せています。
　少なくとも、本書を読む前に、同シリーズ0（ゼロ）の『これならわかる！　ヘミシンク入門の入門』（ハート出版）に目を通しておくことをおすすめします。特に同書の4章と5章（89頁〜128頁）にある誘導瞑想のエクササイズとイマジネーションのテクニックを身につけていれば、本書の理解も早く、より深い体験が得られると思います。

私たちは、地球生命系での長い時間の中で、多くの人生を経験し、それらを統合していくことによって、より大きな自分に戻っていくための長い道を歩んでいると言われています。私たちは、本来の自分に戻っていくための旅を続けています。その道は、自由と喜びと豊かさへと続いていくものです。

　時空を超える旅に出かけましょう。それは、あなた自身を取り戻すための旅です。

　それでは始めます。

　楽しんで！　Have Fun！

　　　　　　　　　アクアヴィジョン・アカデミー公認ヘミシンク®・トレーナー
　　　　　　　　　　モンロー研究所公認アウトリーチ・ファシリテーター
　　　　　　　　　　　　　　　　　　　　　　　芝根　秀和

本書の内容は、アクアヴィジョン・アカデミーで教えている内容をもとに書かれています。本書は、モンロー研究所で発行する公式出版物ではありません。

目次

監修の言葉
はじめに

Chapter 1　過去世や未来世はあるのか？　——11
　　　　　前世療法・未来世療法　——14
　　　　　記憶のゆがみ　——19
　　　　　トータルセルフと過去世・未来世　——21
　　　　　時間という幻想　——23

Chapter 2　過去世を知ることの意義　——27
　　　　　自由になること　——30
　　　癒し：自分を制限・制約している価値観の克服　——32
　　　　　くり返される思考・行動パターンからの脱却　——35
　　　　　心の傷やトラウマなど精神的問題の解消　——38
　　気づき：今まで気づかなかった才能や能力の発見　——43
　　　　　今を生きようとする元気や勇気の獲得　——46
　　　　　より良い人間関係の形成　——49
　　目覚め：自分とは誰かについての深い洞察の獲得　——53

Chapter 3　ヘミシンクによる超時空探索　——55
　　　　　フォーカス15とは　——57
　　　　　超時空探索の基本ステップ　——60
　　　　　アファメーション　——61
　　　　　ガイドやハイヤーセルフの協力　——62
　　　　　メンタルツール　——63
　　　　　学びと気づき　——65
　　　　　体験した内容の検証　——66

Chapter 4　超時空体験のヒント　── **67**

 体験の2つのタイプ ── **70**
 情報の受け取り方 ── **71**
 知覚方法の主要な3つのタイプ ── **73**
 起きていることに純粋に集中する ── **75**
 今生を観察することで得られるヒント ── **76**

Chapter 5　超時空体験による癒しと解放　── **81**

 癒し（ヒーリング） ── **83**
 解放はガイドとの共同作業 ── **86**
 罪と罰…束縛からの自由 ── **88**
 自分を変えたくないという本音 ── **89**
 潜在意識の浄化 ── **91**
 すべての人生に感謝 ── **93**

Chapter 6　何を学び、何を選ぶか　── **95**

 過去からの学び ── **98**
 未来からのフィードバック ── **101**

Chapter 7　超時空体験のエクササイズ　── **105**

 エクササイズを始める前に ── **107**
 エクササイズ①：過去世（別の人生）の探究 ── **114**
 エクササイズ②：未来の探索 ── **119**
 応用編：フォーカス15の自由探索 ── **124**

Chapter 8　Q＆A　——　**131**

- 何も見えてこないのですが…。 —— 133
- 意図したとおりに進みません。 —— 134
- ナレーションどおりに進まないのですが…。 —— 135
- 勝手な妄想ではないかという気がします。 —— 135
- 恐ろしい体験をしそうな気がしたのです。 —— 136
- 過去世から戻ってこられなかった人はいますか？ —— 137
- 過去や未来ではなく、今の時代のようです。 —— 137
- 悲惨な過去世ばかり見せられます。 —— 138
- なぜそんな人生を歩んだのか聞いてみたいのですが…。 —— 139
- 次から次へと映像が見えてくるのですが…。 —— 139
- ガイドがいるのかいないのかわかりません。 —— 141
- 私の過去世を見てもらうことはできませんか？ —— 141
- 何回くらい輪廻しているんですか？ —— 142
- 輪廻に終わりはあるんですか？ —— 143

あとがき —— 144

◆資料 —— 146
モンロー研究所とヘミシンク —— 146
アクアヴィジョン・アカデミー —— 149
ヘミシンク・セミナー —— 149
問い合わせ先 —— 150
参考書籍 —— 151

Chapter 1
過去世や未来世はあるのか？

私が本格的にヘミシンクに取り組み始めたのは2004年でした。今でこそアクアヴィジョンのトレーナーをやりモンロー研究所の公認アウトリーチ・ファシリテーターをやっていますが、ヘミシンクを始めた最初のころは、過去世どころか、寝てばっかりで、ほとんど何も体験できませんでした。
　何ごとも同じですが、要領をつかむのが早い人もいれば、遅い人もいます。私はどちらかといえば遅いほうでした。ところが、同じトレーナー仲間の中にもいろんなタイプの人がいて、高柳美伸さん（通称ミーさん）の場合は、初めてヘミシンクを聴いたとき（しかもソファに座ってスピーカーから聴いただけで）、いきなり過去世がパーッと、次から次へと流れるように見え始めたそうです。すごい。うらやましい限りです。

　そんな私でしたが、2004年の夏に初めて参加したヘミシンク・セミナーで、フォーカス15のエクササイズを受けたとき、過去世らしきものを体験しました。「鬱蒼とした参道に呆然とたたずむ落ち武者」のような画像が見えたのです（見えたような気がしました）。しかし、まったく動きがなく、会話もできません。ただの静止画でした。
　その後、集中的にセミナーに参加したり自宅でCDを聴いたりするうちに、やっとのことでヘミシンクのコツをつかみはじめ、体験も進むようになりました。そして最後には、この落ち武者を「輪廻の中継点（The Way of Station）」と言われるフォーカス27まで連れて行き、妻子との再会を果たし、そのときの記憶を解放することができました。（詳しくは、拙著『あきらめない！　ヘミシンク』（ハート出版）をご覧ください）。

Chapter 1 過去世や未来世はあるのか？

　最初に落ち武者を見てから解放するまでに、実に 21 ヶ月間を要しました。しかし、苦労の甲斐あって、その後は堰を切ったように、次々と過去世を体験し始めたのです。

　本書をお読みの方は、そんなに時間を掛ける必要はありません。これから、過去や未来を探索するためのテクニックをどんどんご紹介していきますので、ぜひ活用して、少しでも早く体験できるようになってください。

　ただし、ヘミシンクをうまく使えば、誰でも簡単に過去世体験は可能ですが、やはり練習が必要です。ただ聴いていればいい、というほど単純ではありません。その点は誤解がないように。

　ヘミシンクは、コツさえつかめば簡単です。でも、コツをつかむまではコツコツと練習する必要があります。（これ、ダジャレです）

前世療法・未来世療法

　過去世や未来世は、ほんとうにあるのでしょうか？

　この分野の研究では、米国の精神科医であるブライアン・L・ワイス博士の**『前世療法―米国精神科医が体験した輪廻転生の神秘**（Many Lives, Many Masters）』（PHP研究所）が世界的に有名です。
　ワイス博士は、キャサリンという患者を催眠療法で治療しているうちに、彼女が自分の過去世に戻ってしまうという事態に遭遇しました。それをきっかけに、ワイス博士の価値観はすっかり変わり、彼自身の人生も激変していきます。

　当時キャサリンは20代で、うつ、恐怖症、パニック障害などに苦しんでいました。彼女はワイス博士を訪れる前に他の治療を1年半近く続けていましたが、全く改善はみられませんでした。博士も最初は一般的な精神治療を試みていましたが、まったく効果ありません。そこで催眠治療を試すことにしました。抑圧されて思い出すことのできない、子ども時代のトラウマが発見できるのではないか、と思ったからです。しかし、いくつかのトラウマを思い出したものの、症状はいっこうによくなりません。
　それでもさらに催眠治療を続けていきました。あるとき、ワイス博士は、「あなたの恐怖症の原因となった出来事が起こったときへと戻りなさい」と指示しました。すると、驚いたことに、キャサリンは約4,000年前の中近東での過去世に戻り、そのときの体験を語り始めたのです。しかも詳細に。とても彼女の知識や知的レベルでは知りえないようなことまで。最後に、おおきな津波に襲われて、赤ん坊を波にさらわれ、自分も溺れて死んでしまったのです。さらに、その日の退行催眠では、2つの過去世を思い出しました。

Chapter 1 過去世や未来世はあるのか？

一つは18世紀のスペインで売春婦だったときのこと、もう一つは中近東での人生から何百年か後の、ギリシア人の女性だった時のものです。

ワイス博士は大変な衝撃を受け、初めのうちはとても信じられませんでした。単なる幻想か空想に過ぎない、と思っていました。しかし、しばらく治療を続けていくと、過去世を思い出すたびにキャサリンの症状はどんどん良くなっていき、2〜3ヵ月たつと、薬を一切やめて、すっかり元気になっていきました。

4回目か5回目の催眠治療のとき、さらに不思議なことが起こりました。キャサリンを通して「**マスター**」と呼ばれる存在たちが現れ、ワイス博士にさまざまな教えやメッセージを伝えるようになったのです。マスターとは、キャサリンのまわりにいる「大いなる知恵を持つ霊的なガイドや精霊たち」のこと。キャサリンに伝えられた知恵は、ワイス博士に伝えられ、その後の彼の価値観と人生を大きく変えていくことになりました。

過去世の存在が、精神医学会で公式に認められているわけではありません。しかし、効果がある、ということは認めざるを得ないようです。

『前世療法』は1988年に出版され、日本語訳は1991年に刊行されました。この本は、世界中に大きな影響を与えた、と言われています。同書の文庫本の解説には、次のように書かれています。

　本書は、アメリカと日本の精神的世界に大きな刺激を与えた一冊です。というのは、本書を読んだ（ほとんどの）人が、もう「人は輪廻転生しているのか、自分に過去世があるのか？」と考えるより、「自分は過去にどんな人生をすごしたのか、どんな人間だったのだろうか？」ということに関心が移ってしまうからです。輪廻というテーマがオカルト的関心でなく、より一般的な関心事になりました。

（『前世療法』PHP文庫　266頁）

また、本書が出版されたことによって、アメリカではヒプノセラピー（催眠療法）が、それまで以上に普及したそうです。
　日本でも同様に、その後ヒプノセラピーは盛んになり、ヒプノセラピストも増えて、今では誰でも手軽に受けることができるようになりました。さまざまなセラピーやヒーリング、カウンセリング、リーディングの中でも人気の高いセラピーの一つになっています。
　もちろん、ヒプノセラピーの効果がすべての人に当てはまるわけではないと思いますが、多くの人が心身の癒しを得ていることは間違いありません。

　ヒプノセラピーは、セラピストの言葉による誘導で、瞑想状態へと導かれていきます。セラピストとクライアント（患者）が一対一で行なっているので、クライアントの状況次第で臨機応変に誘導を変えていくこともできます。
　後述しますが、ヘミシンクの場合は、ヘミシンクの周波数によって過去世体験をしやすい意識状態へと導かれていきます。その点が大きな違いです。そして、あらかじめセットされたガイダンスの流れに沿いながら、ガイドやハイヤーセルフといった知的存在の導きのもとに、自分で自分を案内していきます。
　ヘミシンクのトレーナーの中にも、ヒプノセラピストの資格を持っている人が何人かいます。モンロー研究所のトレーナーであるリー・ストーン博士もそうですし、アクアヴィジョンでは、大阪でトレーナーをやっている小島由香里（ゆかり）さんも、人気のヒプノセラピストです。

　さて、ワイス博士は催眠療法によって、過去世だけでなく、未来世にも導いています。前述のキャサリンの治療のときにも、一回目から未来へ連れて行っています。以来、多くの人を過去や未来へと導いています。
　しかし、未来は決まっているわけではありません。博士は、「**未来は変更**

のきく目的地」である、と言っています。つまり、私たちの現在の選択と行動によって、未来は変わるのです。言い換えれば、私たち自身が未来を創っている。未来を創造しているのです。

　今の道を進んだときの未来の姿を見ることができる。別の道を選んだ時の未来も見ることができる。私たちは、どちらの道も、自分の判断で選ぶことができます。自由意志です。そのとき、私たちはどちらの道を選ぶか…。

　ワイス博士は、多くの未来世療法を行なってきた経験から、最後は本人の決断を信じている、と言っています。

「未来を見たとき、人はより賢い決断とより良い選択をするようになることを私は発見しました。」（『未来世療法』PHP出版　382頁）

　私たちは、今生をよりよく生きていくために、過去からさまざまなことを学ぶことができます。さらに、過去からだけでなく未来からも、私たちは多くの知恵を得ることができるのです。

　ワイス博士の著書は、以下が翻訳されています（いずれもPHP研究所）。
・『前世療法―米国精神科医が体験した輪廻転生の神秘』
　（Many Lives, Many Masters）
・『前世療法②―米国精神科医が挑んだ、時を超えた癒し』
　（Through Time into Healing）
・『「前世」からのメッセージ―人生を癒す魂との出会い』
　（Message from the Masters）
・『魂の伴侶―ソウルメイト　傷ついた人生をいやす生まれ変わりの旅』
　（Only Love is Real）
・『未来世療法―運命は変えられる』
　（Same Soul, Many Bodies）
　また、誘導瞑想用のCDブックも発売されています。

　ちなみに、ワイス博士の言う「マスター」とは、この「驚異のヘミシンク

Chapter 1　過去世や未来世はあるのか？

実践シリーズ」で「ガイド」や「ハイヤーセルフ」と呼んでいる存在とほぼ同じものだと理解していいのではないかと思います。

　それから、前世、過去世という言葉ですが、「前世─現世─来世」あるいは「過去世─現在世─未来世」という言い方もあります。また、「世」ではなく「人生」に焦点を当てた「過去生─現在生─未来生」という表現もあるようです。
　ところで、「世」というのは、仏教用語では「還流」あるいは「遷流」という意味があるそうです。還流とは、「めぐるように流れること」──過去から現在、そして未来へ──私たちは生き続け、流れ続けている。言い得て妙、ではないでしょうか。

記憶のゆがみ

　過去世の記憶は、はたしてどれほど正確なものでしょうか。生まれてからの記憶でも、曖昧だったり、ときには欠落していたりします。ましてや過去世の記憶の場合はどうなのでしょうか。

　ワイス博士は、前世療法の臨床経験を重ねるうちに、過去世退行時に体験する記憶の再現の中に、夢の場合と同じような、比喩やゆがみが混じりあっていることに気づき、それを整理していきました。この方法は、子供時代の記憶の検証も含めて、精神分析の一般的なやり方と同じだそうです。

　その結果が、『前世療法②』の第三章に出ています。

	実際の記憶	シンボルや比喩	歪み・偽り・間違い
夢	15%	70%	15%
過去世体験	80%	10%	10%

　たとえば、あなたが今の人生の子ども時代まで退行して、幼稚園のことを思い出すように言われたとします。当時の先生の名前や自分の服装や壁に貼ってあった地図、友達のこと、教室のみどり色の壁紙などを思い出すかもしれません。そのあと調べてみると、幼稚園の壁紙は本当は黄色だったこと、緑色の壁紙は小学校一年生の時のことだとわかったとします。しかし、そうだからと言って、あなたの他の記憶も間違っているとはいえません。

　同じ様に、過去世の記憶は一種の歴史小説といった性格を持っています。お話はファンタジーや創作、ゆがみ等がいっぱいあるかもしれませんが、その核心はしっかりした正確な記憶なのです。同じ現象は夢の中でも今生での過去への退行の場合にも起こります。みんな、役に立つのです。真実はその中にあるからです。

Chapter 1　過去世や未来世はあるのか？

正統的な精神科医は過去世の記憶は心理的幻想に過ぎないと思うかもしれません。過去世の記憶は、子供時代の問題やトラウマの投影であり、作り話に過ぎないのでしょうか。
　私や私に手紙をくれた医師たちの経験によれば、これは本当はまったく逆の関係にあります。ます過去世があり、その記憶や衝撃やエネルギーが、今の人生の子ども時代を形成してゆくようです。長い間ずっとくり返されていたパターンが、もう一度ここでくり返されただけなのです。
　　　　　　　　　　　　　（『前世療法②』PHP文庫　72〜73頁）

　たしかに、記憶が間違っていることがあるかもしれませんが、たとえゆがみや曖昧さがあったとしても、「その核心はしっかりした正確な記憶なのです」。

　第５章でも述べますが、とてもつらい思い出や、良心の呵責にさいなまれるような記憶の場合、私たちは無意識のうちに、そのことを思い出さないようにふたをしてしまったり、都合がいいようにゆがめてしまったり、まったく別の話に置き換えたりすることもあります。そうしないと耐えられないからでしょう。しかし、そういう記憶ほど、今の自分に大きな影響を与えているものです。しかも自分では自覚できないことが多いのです。

　一方、未来の"記憶"の場合は、現在の自分の、無意識の願望や欲求、あるいは信念や固定観念、価値観によってゆがむ可能性があります。

　過去世であっても未来世であっても、見たものをすぐに鵜呑みにするのではなく、じっくりと意味を考え、その体験の本質は何なのか、何を学んだのか／学ぶべきなのか、といった客観的な視点で解釈していく必要があります。

トータルセルフと過去世・未来世

　モンロー研究所では、「トータルセルフ」という概念を使っています。「私」というのは、「今ここにいる私」だけではない、過去、現在、あるいは未来も含めたトータルな、「すべての自分の人格の総体」である、と言われています。中には人類ではない別の生命体や、別の世界、別の宇宙の存在もいるようです。

　モンロー研究所の創設者、ロバート・モンローは、I/There（アイ・ゼア：向こうの自分）と呼びました。こちらの世界（Here：ヒア）に対して向こうの世界（There：ゼア）にいる自分という意味です。

　『究極の旅』（11章・12章）には、I/Thereとは「各個人が持っている、前世、現世を含めたすべての人格の自分のこと」とあります。何百、何千という人格が含まれるようです。同書には、「各人格はそれぞれ、個人としての認識力、精神、記憶を持つ、意識・感覚をそなえた存在」です、と書かれています。

　つまり、トータルセルフは自分の総体であると同時に、個々の人格を備えた個人でもある、ということです。

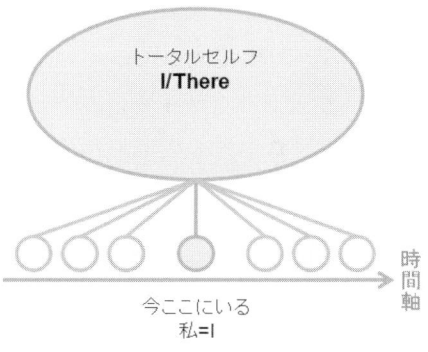

　トータルセルフには、過去から未来も含めたたくさんの自分がいます。ということは、トータルセルフそのものは、時間と空間を超えた存在です。

　時空を超えた存在――したがって、それぞれ個々の人生を「過去世」とか「未来世」と呼ぶのは、正確にはふさわしくありません。モンロー研では、

「**人格**」（Personalities）、「**生命表現**」（Life expressions）、「**側面**」（Aspects）などと呼んでいます。あとでご紹介する『ヘミシンクによる過去世（別の人生）探索』では、「**別の人生／他の生**」（Other lives）と呼んでいます。

本書では、一般的な「**過去世**」あるいは「**未来世**」という言葉を使うようにします。

先ほど、ワイス博士の言う「マスター」は、「ガイド」や「ハイヤーセルフ」とほぼ同じものだと理解していい、と言いました。少し補足します。

トータルセルフには、中心となっている存在たちが複数いると言われています。それは、一般的には「ハイヤーセルフ」呼ばれています。ロバート・モンローはその集団を「EXCOM（エクスコム）」と呼びました。Executive Committee（エグゼクティブ・コミッティ＝代表委員会）の略です。

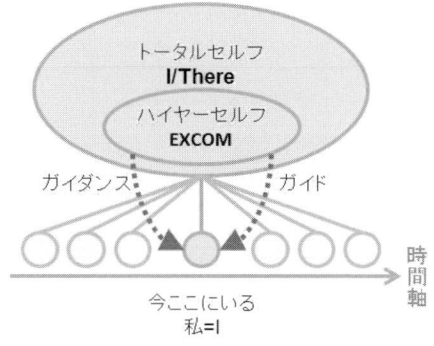

そして、その集団の構成員がガイドたちです。ガイドは、私たちの成長を促し、導いているあちら側の存在であると言われています。

超時空体験においても、ガイドの理解と導きのもとに、探索を行ないます。

トータルセルフやガイドについての詳細は、『これならわかる！ ヘミシンク入門の入門』（ハート出版）の48頁〜51頁、『激動の時代を生きる英知』（ハート出版）などをご参照ください。

時間という幻想

さて、私たちは、こちらの世界の時間軸の中で、過去・現在・未来と輪廻を繰り返しています。しかし、時間軸は必ずしも過去から未来へと一直線に進んでいるわけではありません。①紀元前4000年の人生を経験したあと、現在を飛び越えて未来へ行き、②西暦3000年での人生を体験する。そして次に、③現在の自分を体験している、といったこともあり得るのです。

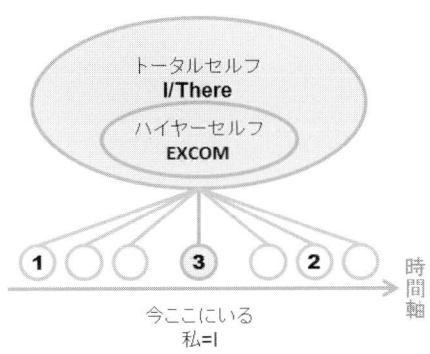

たとえばロバート・モンローの場合は、人間界で輪廻を始めるとき、最初は現代に近い時代のニューヨークに男性として生まれたそうです。その次の生は今から3〜400年前のヨーロッパ(おそらくイギリス)で農婦を経験し、その次は古代の戦士と続きます。

私たちの生は、必ずしも時間の流れに沿って順に未来へと並んでいるのではありません。生きた順番はあるので、「前世」という言い方はできますが、必ずしも前世が「過去世」であるとは限りません。前世が「未来世」の場合もあるのです。

にわかには信じられないかもしれませんが、「時間」というものは、ガチガチに固定したものではないようです。「時間とはイリュージョン、幻想である」、あるいは「時間とは、一つの信念体系である」ともいわれています。『バシャール×坂本政道』(VOICE)の中で、バシャールは次のように述べています。

はい。私たちは混乱を招かないように、みなさんの〈時間と空間という直線的な参照(リニア レファランス)〉の中で便宜上そう説明したのです。

しかし、すべては今、存在しています。

みなさんのような〈時間と空間という直線的(リニア)な現実〉の中で、このような概念を伝えようとすると、ここのところが一番難しいですね。

…（中略）…

ですから、たとえば、私たちが〈直線的(リニア)な時間と空間という視点〉から「輪廻」という言葉を使ったとき、実際には私たちは「同時に存在しているたくさんの人生」ということも言っているのです。

しかし、〈直線的(リニア)な時間と空間という経験〉の中での輪廻は、すべてを同時に見る経験と同じく有効だということもわたしたちは理解しています。

…（中略）…

一つひとつの人生は選択されています。そして、スピリットが人生を選ぶとき、その人生で探求する特定のテーマを選びます。

また、別の人生があること、そして、特定の人生を選ぶと、同時に存在している他の人生とエネルギー的なつながりができることがスピリットにはわかっています。

そのつながりは、その人生で設定したテーマを探究するのを助けてくれるかもしれません。

それらのつながりは過去からやってくるのではなくて、今、現在において作られるのです。

たとえば、オーバーソウルはふたつの人生を同時に作り出すかもしれません。

ひとつは悲劇を経験する人生、もうひとつは悲劇を克服するような人生。

そのふたつの人生の間にはエネルギー的なつながりがあります。

しかし、両方は同時に共存しているのです。

〈直線的(リニア)な時間と空間という視点〉から見ると、あの人生が前にあって、こ

の人生が後にある、というように思えるかもしれません。
しかし、それは幻想なのです。
　　　　　　　　　（『バシャール×坂本政道』VOICE　192〜195頁）

「過去と未来は同時に存在している」ということ。そして、「人生のテーマを自分で選んでいる」ということ。このような概念は、これまでの、仏教的あるいはインド的な、因果応報、カルマといった概念とは異なりますね。ただ、本質的には矛盾しているわけではないと思います。

※「バシャール」は、アメリカ人のダリル・アンカをチャネラーとして、「ワクワクして生きる」をメインコンセプトにメッセージを伝える集合意識。
※オーバーソウルはトータルセルフと同義。

　ワイス博士も、同様のことを言っています。

　私たちが未来を見ることができるのは、過去も現在も未来も一つであり、今、ここに、同時に起こっていて、年、月、日、時間、分という地球時間を計る時間軸とは全く違うという事実に、私たちのどこかが反応しているからだと思います。事実、未来は今であり、この惑星上でさえも、私たちは自分の「今」を自分たちの行動によって作ることができます。この人生の残りの年月のためだけでなく、未来のすべての転生のために、そして永遠の命のために準備することが大切なのは、このためです。
　　　　　　　　　　　　　（『未来世療法』PHP出版　380頁）

Chapter 1　過去世や未来世はあるのか？

Chapter 2
過去世を知ることの意義

しばらく前のことですが、『えぐら開運堂』というテレビ番組がありました。覚えている方も多いかと思います。テレビ東京系列で毎週金曜日の深夜に放送されていました。悩みを持つ女性視聴者をスタジオに招いて話を聴き、カウンセリングとアドバイスをするというバラエティ番組。
　私はカミさんから聞いて知りました。うちのカミさんは霊能者・占い師が嫌い（？）なのですが、珍しく「ずいぶんマトモなことを言っている霊能者がおる。なかなかです」と褒めるので、それなら、と見始めました。スピリチャルカウンセラーという肩書の人が出ているらしい、と。

　スピリチュアルカウンセラーの名前は、そう——江原啓之さんです。今では超有名人（当時も有名だったのかもしれませんが）。司会はネプチューンの名倉潤。番組タイトルの『えぐら』というのは、江原（えはら）と名倉（なぐら）の漢字読みを1字ずつつなぎ合わせた造語だそうです。
　たしかに、いい番組でした。江原さんの過去世霊視も冴えわたっていました。しかも、アドバイスが的確。興味本位ではなく、本人にとっていま必要な過去世を見てアドバイスしていました。本人が自分の力で立ち直り、生きていけるようにと。
　コンセプトは「幸運を引き寄せられるか否か、それはあなた次第です！」。自分が変われば運命が変わる、自分の力で幸せになるように、というメッセージを、愛情込めて伝えていました。素晴らしい！

Chapter 2 過去世を知ることの意義

　2003年10月3日から2005年9月30日までの放映だったとのこと。2005年9月と言えば、私が初めてモンロー研究所を訪れたときでした。直接この番組の影響でヘミシンクを始めたわけではありませんが、その後江原さんの本を読んで、感銘を受けました。中でも1995年に出版された『人はなぜ生まれいかに生きるのか』（ハート出版）は、江原霊学の原点になった本と言われています。読み応えがあります。

　ヘミシンクの場合は、もちろん、スピリチュアルカウンセラーは不要です。なぜなら、自分で体験できるからです。
　そして、ガイドやハイヤーセルフという、**私たち専任の、最強の"カウンセラー"**がそばにいてくれるからです。

自由になること

　私たちは生まれてからこれまでの間に、さまざまなことを経験し、たくさんの記憶を蓄積してきました。
　さらに、普段は思い出すことはありませんが、私たちの意識の奥底には、生まれる以前の記憶も存在しています。それが、過去世の記憶です。
　過去世の記憶には、さまざまな経験をもとにして生まれた恐怖心や憎しみ、罪悪感、あるいや喜び、快楽、幸福感、さらには価値観や信念体系、囚われ、思い込み、固定観念といったものが含まれています。
　それらの記憶の中には、生きていく上で必要なもの、有用なものもありますが、今のわたしたちには不要になってしまったものや、邪魔になっているものもあります。そのような記憶は、わたしたちの思考や行動を制約し制限し、自由に生きていくことを妨げています。

　たとえば、同じアクアヴィジョンのトレーナー仲間である函館の加藤善康さんは、今では信じられませんが、以前は「スピリチュアル」や「精神世界」が大嫌いだったそうです。半端ではなく、ほんとうに毛嫌いしていたのです。スピリチュアルなことに取り組んでいる人をみると、「現実から逃げている！」と決めつけていたのです。それが今ではヘミシンクのトレーナー。ふだんは食品製造業の会社の社長をやっています。二足のわらじです。
　なぜ加藤さんはスピリチュアルを毛嫌いしていたのか。その原因は、彼の過去世にありました。実は加藤さん、過去世で「シャーマン」をやっていたことがあったそうです。そのとき彼は、「どうすれは幸せな生活、人生を送れるか」を人に説いていました。それだけならよかったのですが、「まやかしの宗教を信じてはいけない！」と既存宗教を攻撃したため、その信者たちの手でなぶり殺しの刑に処されたらしいのです。しかも、冤罪（えんざい）。

無実の罪で。──その体験が、スピリチュアルな知識を深めたら殺されてしまう！という恐怖になり、それが嫌いだ！という感情になっていたのです。

　加藤さんはその過去世の記憶を思い出したとき、「なるほど！」と納得できたそうです。とはいえ、今でも精神世界に偏った生活をすることはよくないとして、現実生活とのバランスを心がけています。

　過去の記憶は無くなりません。しかし、その影響から**解放**されることはできます。そして、過去に経験したことを糧（かて）として、人としてさらに成長し、今をよりよく生きていくことができます。

　ヘミシンクの開発者であるロバート・モンローは、ヘミシンクのことを、自分を制限し制約しているものから自由になっていくための道具である、と言いました。たとえて言うならば、たくさんの重りを一つひとつ降ろしていき、自由に羽ばたいていけるようになる、ということです。

　重りの一つが、「過去の記憶」です。生まれてからの記憶もありますが、生まれる前の過去世の記憶もあります。後述しますが、「未来の記憶」もあります。

　重りを手放し、自由になるとどうなるか──本来の自分を表現できるようになります。本来の自分とは何か──それが、トータルセルフです。

　私たちは、生まれながら、常にトータルセルフとつながっている存在です。そのことを思い出し、つながりながら今を生きていくこと──それが、本来の自分を表現していくことです。

　さまざまな種類のヘミシンクCDやセミナーがありますが、突き詰めていくと、それらはすべて「自由になるための道具」である、と言っても過言ではありません。過去世体験、未来世体験も同じです。「今を自由に生きていくための道具」なのです。

　それでは、これから具体的に、過去世を体験することの意義について考えていきましょう。

癒し：
自分を制限・制約している価値観の克服

**自分を制限している価値観や偏見が、
どのような過去世から身についたのかを知ることで、
それを克服するきっかけになる。**

　今では信じられませんが、アクアヴィジョン・アカデミーの代表である坂本政道さんは、昔から人の上に立つこと、リーダーになることに対して、抵抗感があったそうです。とにかく自分がリーダーになったら必ず失敗する、と思っていたのです。さらに、人前で話すことにも恐怖を感じていたそうです。

　それなのに、学校ではいつも学級委員のような、人前に立つような役割を任される羽目になり、人前で話はしなければならず、苦痛でたまらなかったとのこと。にもかかわらず、これでもか、これでもかとばかりに、そういう役割が回ってくるので、学校に行くのが大嫌いだったそうです。

　大学卒業後、坂本さんはソニーのエンジニアとして気楽に（？）働いていました。トロント大学に留学もしました。出世したいとか、管理職になりたいとか、まったくそういう願望はありませんでした。ところが、30歳を過ぎたころから、管理職にならなければサラリーマンとして生き残れない、ということがわかってくると、再び苦痛を感じるようになってきました。

　そんなときに、シリコンバレーのベンチャー企業SDL社から誘いがあったのです。「転職すれば、自由に研究が続けられる。何よりも、管理職にならなくていい！」——坂本さんはその話を聞いて二秒後には、飛行機に乗ってアメリカに向かう自分の姿を思い浮かべていたそうです。

　なぜこのような、強い信念が生まれてきたのでしょうか？　実は、過去世

の記憶から大きな影響を受けていたのです。以下、坂本さんの『人ははるか銀河を越えて』（講談社インターナショナル）からの引用です。

　モンロー研究所のさまざまなプログラムを体験する中で、わかってきたことの一つに、私のいまの生は、日本の武将だった時の過去世から大きな影響を受けているということがあります（詳しいことは『死後体験Ⅲ』に書きましたので、ご参照ください）。
　そのとき私は、たくさんの家来を統率する立場にありましたが、私の判断ミスによって（おそらく自分の我を通したのだと思われます）、家族や何百人もの一族郎党を全員死なせることになってしまいました。
　私はこの過去世で、「二度と責任ある地位につきたくない」と強く思いながら死にました。この過去世をみたとき、死んだのは寛永元年だったと思い浮かびましたが、しっかり確信がもてたわけではありません。その武将が誰なのか、詳しいことはわかっていません。そのときの状況やそのときみた光景に基づいて、何人かの武将のことを調べてみたのですが、ぴったり当てはまる人はまだ見つかっていないのです。
　その過去世での経験は、いまの私に大きく影響しています。私は、その時受けた精神的な痛手を心の中にしまい込んでいて、いわば時空を超えたトラウマとなっているのです。
　実は、このとき心に刻み込まれた「責任ある立場につきたくない」という想いは、いまの人生の行動パターンに大きく影響しています。私が、大学卒業以来10年間勤めたソニーをやめてシリコンバレーのベンチャー企業に移ったのも、このことが大きな原因の一つだったのです。
　　　　（『人ははるか銀河を越えて』講談社インターナショナル　140頁）

　自分が死ぬという恐怖心よりも、人を死なせたという罪悪感が強く、それが強い信念となって、自分はリーダーになると失敗するという思い込みが生まれていたのです。

しかし、過去世を体験し、そのときの記憶を解放していくことによって、価値観が変わってきました。今では、アクアヴィジョン・アカデミーという組織を立ち上げ、代表を務め、大勢の聴衆の前で講演会も行なっています。
　ところが、アクアヴィジョン・アカデミーという組織は、ちょっと変わっています。正社員というのは極端に少ないのです。坂本さんを中心に、独立した個人や会社が自由な立場で結びついて、仕事を進めているのです。仕事場も自由です。成田にCDの販売拠点があり、東京にセミナー会場はありますが、それ以外は、メンバーは自宅であったり自分の会社であったり、さまざまな場所で仕事をしています。

　このように、過去世はいまの自分に大きな影響を与えていますが、何かの問題の原因となっている過去世を追体験することによって、そのときの感情が昇華されると、いまの自分が変わることがあります。
　過去世で起きてしまったことは変えられないけれども、現在の自分を変えることはできるし、これからの生き方を変えることは可能なのです。
　　　　　（『人ははるか銀河を越えて』講談社インターナショナル　149頁）

癒し：
くり返される思考・行動パターンからの脱却

**無条件に反応してしまう感情や思考形態、
行動パターンの原因を知り、そこから目覚め、
違う選択ができるようになる。**

「ヒデさん（私のニックネーム）は温厚ですね」とよく言われます。「いつもニコニコしていますね」「怒ることなんてないんでしょうね」とも。

ところがどっこい、私の実態を知っている人がそういう話を聞くと、プッと吹き出してしまうことでしょう。私は短気だし、カッとなったり、プツンとキレたりすることが多々あるのです。

さすがに今ではめったなことでは怒りませんが、サラリーマンをやっていたころは、よく腹を立てていました。頭にきて、スチールのロッカーを殴り飛ばし（人を殴るわけにはいかないので）、指を骨折したこともあります。（ひえ〜）。

どんなときにプッツン来るのかというと、「いわれのない理不尽な要求」と感じたとき、「上から目線」「小バカにした態度」に接したとき、あるいは、なぜか「根拠のない自信で満々の人」、中身が空っぽのくせに「権威をひけらかす人」、「自分勝手でルールを守らない人」、「人の話を聞かないやつ」などに会ったとき…。

自分が直接そういう人から何かをされた場合だけでなく、傍から見ているだけでも腹が立ち、思わず口を出したくなってしまうのです。「あの野郎！」「こん畜生！」「許せん！」…。

独学でしたが心理学を学んでいましたから、頭では分かっているのです。

原因は相手にあるのではない、私の心の中にある。どう感じるかは私の気持ち次第。腹の立つ原因となっているものを解消すれば、ものの感じ方を変えさえすれば、腹は立たなくなる。
「人は変えられない。変えられるのは自分だけ」
「現実を創っているのは自分自身」
　よーく、わかっていました。理屈ではよくわかっていました。しかし！ダメでした。ムカムカは収まりません。我慢し抑圧すればするほど、圧力が高まっていくのが感じられます。
　ついに身体にも影響が出てきました。十二指腸潰瘍でした。

　このような私の性向は、ある過去世が大きく影響していたようです。
　アメリカ南部か南米かどこかのプランテーションで働く奴隷たちが反逆を起こしたことがあり、そのときのリーダー格だったことがあるようなのです。なぜ自分は奴隷なのか、なぜ自由がないのか。労働条件は悪く、次々と仲間は死んでいきます。ついに耐え切れず反乱を起こしたものの、捕まってしまいます。洞窟の中で拷問を受け、他の仲間の名前を吐けと強要されても口を割らず、最後は殺されてしまったのです。やり場のない怒りを胸に秘めたまま。
　そのようなことがあって、権威や権力に対して思わず反発してしまう、という思考・行動パターンが、心の奥深く眠ることになったようなのです。ときとして、そのスイッチに触れると、プッツンしてしまう。
　このときの過去世体験は、拙著『あきらめない！　ヘミシンク』に書いていますのでご覧ください。私は必死の思いで当時の自分を救出・解放することができました。
　今では、以前のように「ふと気がついたら怒鳴っていた」などということはなくなっています。(怖いですね〜)。でも、「感情がすぐ顔にでてしまう」のは変わっていないようです。自分では気づかないのですが、よくカミさんから指摘されます。「こんなにわかりやすい人はいない」と。まだまだ修行

が足りません。

　さて、話はこれで終わったわけではありません。過去世探索を続けていくと、さらにわかったことがあるのです。なんと、反逆の罪で捕まった私を裁いた、権力側の人物。裁判官とか法律家とか、そういう立場の人だったと思いますが、その人も自分の分身だったことがわかったのです。同時代に同じ場所で、同じ場面を、逆の立場で、二人の自分が体験していたのです。
　そんなバカな。自分が二人いるわけないじゃないか、と思われるかもしれませんが、私としては、どちらも自分だと「わかった」のです。裁く人と裁かれる人を、同時に体験していたのです。
　確かに、今でも私は、契約書や規約などの文書を作るのは得意です。法学部出身でもないし、六法全書など読んだこともありませんが、なぜか見よう見まねでできてしまうのです。これは、裁く側だったときの記憶の影響ではないかと思います。
「被害者だったときのことはよく覚えているが、加害者だったときのことは忘れていることが多い」と言われます。確かにそうですね。このときも、殺されたことは思い出しましたが、殺した側の記憶はなかなか出てきませんでした。なぜなのか——おそらく、被害者よりも加害者だった時の方が、良心の呵責という、さらに重い記憶をため込むことになるからではないでしょうか。

　加害者・被害者、殺す・殺される、支配する・支配される——私たちは二元性のどちらも平等に経験してきているのではないかと思います。どちらか一方に偏っているということはないと思います。長い輪廻を繰り返し、二元性をすべて経験し、そのループの中から抜け出していくことが、地球生命系の中で生きている目的ではないか——そんな気がしています。

癒し：
心の傷やトラウマなど精神的問題の解消

**過去世に起因する古い心の傷やトラウマの原因を知り、
それを癒すことができる。それによって、
今生での精神的な問題を改善できる。**

　これからお話しするのは、アクアヴィジョン・アカデミーの「フォーカス15 超時空コース」という、日帰りのヘミシンク・セミナーに参加された方の例です。ちょっと不思議な体験です。

　30代後半の、とても知的な雰囲気のある、キャリアウーマン・タイプの方でした。この方は、ある問題を抱えていました。それは、空気の汚れに対して強い恐怖を感じてしまう、というものです。いつもマスクをしていて、職場にも自宅にも空気清浄器をおいていて、24時間フル稼働。スモッグ警報が出たら外出しない。タバコの煙など問題外。マスクを外すと呼吸が苦しくなってくる。外すのは顔を洗うときと、お風呂に入るときだけ。しかも、なるべく短時間に済ませる。パニックになるのが怖いとのこと。

　この女性は、なんとかこの恐怖症を治そうとして、さまざまな心理療法を受けていました。しかし、なかなか改善しません。理屈っぽい人で、非科学的なものにはとても懐疑的でした。なので、スピリチャルなセラピーは一切受けていませんでした。

　ヘミシンクは、怪しい（？）ところもあるけども、まだ科学的なので、セミナーに参加してみました、とのこと。少しでも怪しいと感じたら、セミナーの最中でも中座して帰らせていただきます、と。

　このような懐疑的な方は、なかなか体験するのが難しいです。「なぜ？どうして？　どういうこと？」と、いつも左脳的に考えてしまうので、そこ

から先に進んでいかない。「イマジネーションが大事です」と言っても、「それは自分で勝手に想像したことでしょう」と、取り合ってくれません。

ところが、です。いざエクササイズを始めてみると、たいへん面白いことが起きたのです。「フォーカス15超時空コース」では、一日に5回のエクササイズを行ないますが、最後の5回目は、過去でも未来でも自由に探索してください、ということをやります。その最後のエクササイズでの体験です。

彼女がみたのは、超巨大な空気清浄機でした。東京ドームほどもある大きなもので、建物の横の穴から汚れた空気を取り入れ、屋上のプロペラ部分から空に向かってきれいな空気を送り出している。しかも、一つではない、距離を置いて、地上に何か所もある。惑星上の陸地に、いくつもいくつも。

地球ではないようです。どこか別の星。そんなバカな。でも直感的にそう思う。

どうやらこの惑星は、深刻な大気汚染の被害にあっているようなのです。いくら巨大な空気清浄機をつくっても追いつかないほど、汚染の状況は進んでいます。

その光景を——彼女は空から眺めていました。鳥のように…。そうなんです。彼女は鳥でした。この惑星の住人は、"鳥族"なのです。鳥人間。彼女は、空気清浄機のメンテナンスをするエンジニアでした。空を飛びながら、清浄機を点検していたのです。もちろんマスクをしています。ガスマスクのような、頭からすっぽりかぶるタイプのものです。

これ以上、この星には住めない。他の星に移住するか、それとも飛躍的なクリーニング力を持つ清浄機を開発するしかない。しかし、移住できるほどの巨大宇宙船を作る技術もなければ、清浄機の新技術もない…。

そんなとき、この星の代表者のところに、宇宙からのメッセージが届いたのです。「われわれは、あなたたちに、新しい清浄技術を与える準備ができている。あなたたちに受け取る気があるなら、伝えます」。

Chapter 2　過去世を知ることの意義

驚きでした。信じられません。しかし、何度かメッセージをやり取りする中で、これは真実に違いないと思うようになりました。そして新技術を受け取り、新しい清浄機の開発に取り組み始めました。

彼女もプロジェクトメンバーに選ばれ、清浄機開発に取り組み始めました。

彼女の体験は以上です。

エクササイズが終わったあと、彼女は怒ったような顔で、ミーティング・ルームに戻ってきました。どうでしたか？と聞いても、ムスッとして何も答えてくれません。でも、何か興奮している様子は伝わってきました。貧乏ゆすりをしたり、体をモジモジ動かしたりしていました。

一日のコースが終わったあと、一人ずつ感想を聞きます。そのときになってやっと彼女は話し始めました。空気清浄機、惑星、鳥族、エンジニア、宇宙からのメッセージ、新清浄機の開発…。他の参加者の人からは、「おー」とか「ほー」とか「面白い！」などのコメントが入ります。

一通り体験談を話したあと彼女は、「いったい何だったんでしょう。なんでこんなものが出てきたんでしょう。こんな話、思いつきもしない。流したCDの中に何か変な信号でも入っていたんですか？」

「とんでもない。何も変な信号は入っていません。他の人も同じCDを聴いています」

相方のトレーナーが茶々を入れます。「その新しい清浄機の名前は、"コスモクリーナー"って名前じゃないですか？　ひょっとして、宇宙からのメッセージというのは"イスカンダル"から来たものでは？」

私は相方が何を言わんとしているのかわかりました。マンガ「宇宙戦艦ヤマト」の設定です。

西暦2199年、デスラー総統率いるガミラスの攻撃によって滅亡の淵に立たされた地球人類に、イスカンダルのスターシャは波動エンジンの技術を提供し、放射能除去装置コスモクリーナーを受け取りに来るようにメッセージ

を伝える。イスカンダルは地球から148,000光年の距離にある大マゼラン星雲サンザー太陽系第8番惑星。このメッセージを受け、沖田十三率いる宇宙戦艦ヤマトはイスカンダルへと旅立つ…。
「は？　何のことですか？」。彼女は、漫画やアニメどころか、小説すらほとんど読んだことがないのだそうです。

　結局、その日、彼女は「私の勝手な想像でした」と言って帰っていきました。残念でした。
　本来、「勝手な想像」というものは、存在しないのです。「想像」には二種類あります。一つは「思い出す」こと。もう一つは「創造する」こと。過去世体験における「想像」は、前者の「思い出す」ことなのです。自分の過去世を思い出す。（想像、空想、妄想、雑念の違いについては、拙著『これならわかる！　ヘミシンク入門の入門』（ハート出版）の114〜115頁と126頁をご覧ください）。
　彼女の体験は、他の星での過去世だったのかもしれません。あるいは、別の世界での人生だったのかもしれません。過去の記憶ですから、多少のゆがみはあるかもしれませんが、本質的には正しい情報だったと思います。なぜなら、彼女には空気の汚れに対する恐れを手放したいという欲求があったからです。それがあったからこそ、このような体験をしたのです。

　しばらく後になって、彼女は別のコースのセミナーに参加しました。そのときも、たまたま私が担当していました。彼女はまだ、なぜ自分はあんな想像をしたのか、あのときの想像はどこから来たのか、と悩んでいました。本で読んだこともなければ映画を観たこともない。なのに、なぜあんなものを想像したのか…。
　しかし──驚いたことに、彼女は部屋に入ったあと、マスクを外したのです。以前は部屋の中でも片時もマスクを外したことはありませんでした。
　そこで私は聞いてみました。「どこから来たかはともかく、あなたの空気

の汚れに対する恐怖はどうなりましたか？」
「そうなんです。なぜか、大丈夫なような気がしてきたんです」
　ということは、彼女が望んでいた結果がもたらされたのです。想像したことがどこから来ようが、そんなことは二の次でかまいません。どうでもいいことです。結果オーライなのですから。

　その後彼女は、半年以上過ぎたころから、やっと「想像すること」を自分に対して「許す」ようになったそうです。勝手に想像していいんだ、と。そうすると、あの体験の続きが始まったのです。プロジェクトは成功し、大気汚染は改善し、そしてついに、ガスマスクを外すことができるまでになったのです。と同時に、彼女の恐怖症もさらに改善し始めたそうです。

気づき：
今まで気づかなかった才能や能力の発見

**自分の才能や能力の起源を知り、
今生での職業選択などに活かせる。**

　先ほど、私の個人的な体験として、法律関係に携わっていたことのある過去世が、今の仕事に役立っている、という話をしました。他にも、私の今の仕事に影響を与えている過去世がいくつかあります。

　2005年の秋のことですが、当時アクアヴィジョンでは、「時空を超える旅コース」という日帰りのセミナーを始めていました。現在の「フォーカス15超時空コース」の前身にあたる、過去世体験のセミナーです。当時の私は、やっとヘミシンクに慣れ始めていたころでした。このときの体験は、拙著『あきらめない！ヘミシンク』に書きましたので、抜粋して転載します。

　セミナー当日、「もし可能なら、幸せだったときの過去世を見たいです」とアファメーションしてセッションに臨みました。
　すると、山小屋の屋根の上で、トンカチをもって嬉しそうにしている男性が見えました。たったそれだけのヴィジョンでしたが、印象に残りました。大工さんだということがわかりました。映画のサウンド・オブ・ミュージックにでてくるような、美しいスイスの山あいでした。
　なぜ大工だとわかったのか、なぜスイスだとわかったのか──それは、そんな気がした、という程度のことです。そういう印象を得た、ということ。今までだったら、妄想だと思って切り捨てていたと思います。しかし、これからは肯定していきます。

別のセッションでは、蒸気機関車の設計図面を書いている風景がみえました。白い図面に細かい書き込みがしてあります。次の場面では、動いている機関車の中で、設計図をもって機械を点検している状況がでてきました。蒸気や煤にまみれ、騒音の中で作業をしていました。
　ヴィジョンは、パッと見える程度です。写真のように。それだけです。動画でもなければ連続写真でもありません。しかし、何をしているところなのかは、わかります。イメージできるのです。そして、登場人物は自分のような気がします。
　後日談になりますが、半年後に同じ「時空を超える旅コース」に参加したときは、今度はもっと大きな家の設計をしていました。完成後に施主を案内している得意げな自分がいました。その後もいくつか、建築や土木に携わっている過去世らしきものを見たことがあります。
　どうやら、過去に私が幸せを感じた人生は、大工さんとか建築家とか、技術者など、カッコよく言えばエンジニア、平たく言えば職人だったようです。殿様や王様、武士とかじゃなくて、職人。たしかに、そのほうが幸せかもしれません。
　…（中略）…
　「芝根さんの仕事ぶりは職人気質ですね」とよく言われます。そう指摘されるたびに何だか「オタクですね」と言われているみたいで嫌でした。しかし、過去世をみれば納得です。開き直りました。私は、職人です！
　　　　　（『あきらめない！ヘミシンク』ハート出版　118～120頁）

　過去に建築家だったから、今生でも建築家になる、というような単純なものではありません。今回の人生ではまったく別の職業を選ぶかもしれません。私の場合もそうです。今生で私は、コンサルタントや広告代理店など、柔らか目の仕事を選んでいます。しかし、私の仕事ぶりが職人気質だったように、何らかの影響はあるのです。
　さらに、過去世の影響は趣味・嗜好などにも表れます。私の場合だと、レ

ゴブロックを作るとかプラレールで遊ぶとか、そういうところに表れていました。(これについては第4章で詳しく説明します)。

　過去世と同じではないけれども似たような分野の職業を選ぶこともあります。たとえば過去世でピアニストだった。今生ではピアニストではないけれども、音楽イベントを企画・実施するプロダクションに就職するとか、音楽関係の雑誌社に勤めるとか、そういう人もいます。
　あるいは、過去世を思い出すことによって、自分の隠された才能に気づく、あるいは自信を持つ、といったこともあります。
　いずれにしても、過去世体験は、今生での目的や適職を探るためにも役に立つものです。

気づき：
今を生きようとする元気や勇気の獲得

**成功したり楽しかったりした過去世を知ることにより、
今を生きる元気や勇気が湧いてくる。**

　これも、アクアヴィジョン・アカデミーの「フォーカス15超時空コース」に参加された方の体験例です。20代前半の男性。まだ大学生でした。

　ヘミシンク・セミナーの参加者で、20代の人は非常に珍しい。ほとんどいません。ところが、なぜかこの日は、若い人が多かった。参加者12人中、4人が20代。そのうち3人が男性で一人が女性。4人は早くから打ち解けて、いい雰囲気でセミナーは進んでいきました。

　自分の生きる目的は何なのか？といった根源的な問題に真摯に取り組んでいる姿は新鮮でした。それと、やはり学生ですから、就職先のことや自分の適職は何かといったことなども、過去世体験から何らかのヒントを得たいと思っていたようです。

　4人の中の一人の男性は、「ぼくはベンチャー企業を興して、"成功者"になりたい」と熱く語っていました。過去世探索のエクササイズの前にも、「前世でも、マルコポーロのような東西を股にかけたような大商人だったかも。あるいはコロンブスとか、マゼランとか…」と期待していました。

　エクササイズが始まりました。すると、彼の期待に反してみえてきたのは、昔の日本。江戸時代のような感じです。まだ薄暗い早朝。寒くて、吐く息は白い。そんな中、大きな商家の店先で、掃き掃除をしている人がいる。まだ子供のようです。寒いのか、ときどき手をこすりながら、掃いています。丁稚奉公のようです。

しばらくすると、場面が変わりました。同じ子供です。大きな風呂敷包みを抱えて、小走りに駆けています。どこかに品物を届けに行っているようでした。また場面が変わりました。薄暗い屋根裏部屋で寝ています。せんべい布団。寒いです。また場面が変わりました。板の間に正座してご飯を食べています。また場面が変わりました…。彼は、だんだん悲しくなってきました。どうやら、このちまちまと働く小僧が、自分の過去世のようなのです。もう見たくない…。

　エクササイズが終わったあと、ミーティング・ルームに集まって、体験談をシェアします。すると真っ先に彼が手をあげて発言しました。
「なんだか、嫌になりました。もう見たくありません」
「どうしたんですか？」と聞くと、先ほどの体験を話し始めました。
　すると、参加者の中からクスクスと笑い声が聞こえてきました。私もつい笑ってしまいます。本人はなぜ笑われるのかわかっていません。
「やる気がなくなってきました。どうしたらいいですか？」
　私は「どうするかは、あなた自身が考えることです。それよりも、もしあなたがよければ、次のエクササイズで、これから私の言うことを試してみてください」とお願いしました。「いいですか？」
「はい」
「先ほどと同じ過去世に連れて行ってくれるように、あなたのガイドにお願いしてください。ガイドの存在がわからなくてもかまいません。とにかく、先ほどと同じ過去世を体験することを、自分で選ぶのです。自分の意志で」
「えーっ。またですか？」。彼は嫌そうでした。
「いえいえ。よく聞いてください。もし同じ過去世に行って、小僧さんに会ったら、ガイドに次のように依頼するのです。この人生の、もっと何年か先を体験させてくださいと。小僧時代の後の人生に興味はありませんか？　うまくいっているかもしれませんよ？」
「なるほど！　わかりました。試してみます！」

彼は勇んでセッション・ルームに向かいました。そしてエクササイズが終わり、再度集まったとき、彼はニコニコしていました。
「お？　どうでした？」。私はさっそく尋ねました。
「いやあ。あの小僧はそのあとまじめに働いて、のれん分けしたようなんです。自分のお店を持っていました。呉服屋です。繁盛しているようでした。たくさんの人が出入りしているようで…」。彼はうれしそうです。そして、さらに「もっと何年か先を見せてくださいってお願いしたんです。そうしたら、どうやら臨終の場面を見たようなんです。ビックリしました。たくさんの人に囲まれていました。ぼくはその様子を眺めていたんですが、急に、その人――自分ですけれど、その時の自分の体の中に入っていったんです。ビューっと。」
　私もビックリしました。他の参加者の方も、いっせいに彼のほうを見ました。彼は話を続けました。
「目を開けたんです。天井が見えました。すると、ぼくの顔をたくさん人が覗き込んできました。オーとか、ホーとかつぶやいています。なんだか、ぼくは幸せでした。いい気持ちでした。目をつむりました。そのとき、戻りましょう、というナレーションが聴こえてきました」
　拍手が起こりました。参加者全員。拍手喝采です。他の20代の3人は、握手をしたり肩をたたいたりしました。

　セミナーが終わってしばらくして、彼から連絡がありました。ファッション関係の会社に就職する、とのこと。これからは忙しいので、セミナーには参加できないけれど、ヘミシンクは続けていきたいと。

気づき：
より良い人間関係の形成

家族や身内、友人、知人たちとの過去からの関係を知り、よりよい人間関係を築けるようになる。

　今生での自分の子供が、過去世では親だった。仲のいい姉が、過去世では父親だった。仕事上で敵対している相手が、過去世では自分の伴侶だった。過去世で憎しみのあまり殺した相手が、現在の弟だった……などなど、「フォーカス15超時空コース」に限らず、ヘミシンク・セミナーではさまざまな人間関係に関する過去世体験が報告されています。

　過去世でのつながりや関係、そのときのドラマを思い出したり追体験することによって、多くの人が気づきや癒しを得て、今生での関係回復や、さらに絆を深めるなどの体験をしています。

　人間関係の中でも、特に家族関係の問題は、愛も深ければ憎しみも深い。誰にとっても身近な問題です。そして学びも深い。たくさんの体験例が報告されています。

　私たちは、特定のグループが、比較的近い人間関係を持って生まれ変わりを繰り返し、学びを深めているようです。

　前述のブライアン・ワイス博士の三冊目の著作に『魂の伴侶―ソウルメイト　傷ついた人生をいやす生まれ変わりの旅』があります。原題は『Only Love is Real』（愛だけが現実）。

　この本は、エリザベスとペドロという二人が不思議な糸に操られるようにしてめぐり合い、幸せになるまでの物語です。ドラマチックでロマンチック。

時を超えたつながりと魂の輪廻。二人ともワイス博士の患者で、ほんとうにあった話です。

　坂本さん夫妻も、同じような体験をしているようです。『死後体験』（85〜100頁）にも出てきます。坂本さんがモンロー研究所の「ライフライン」というプログラムに参加したときの体験です。坂本さんはこのとき、ポリネシアのどこかの海岸で、アーチ状の岩の下、海底に埋まっている少年を助け出しました。この少年は坂本さんの過去世の一つでした。実はこの少年には許嫁（いいなずけ）がいて、その女性は坂本さんの奥さんの過去世だったのです。
　同じ体験談が『人は、はるか銀河を越えて』にも載っています。以下はそちらからの引用です。

　昔どこかの南洋の島に、対立する二つの部族がありました。ひとつはもともとその島にいた部族で、古いしきたりを守って暮らしていました。もうひとつはあとからその島にやってきた部族で、古いしきたりを守りませんでした。二つの部族は対立し、いがみ合っていました。
　しかし、あるとき、融和を図るために、二つの部族の族長の親族の誰かを結婚させようということになりました。その時に婚約した男のほうが、私の過去世だったのです。そして、女のほうは、私の妻の過去世でした。
　私（少年）は新しい部族のほうで、妻（少女）は古い部族のほうに属しており、二人は結納をして許嫁となりました。もともとは政略結婚で引き合わされたのですが、二人は仲良くなり、互いに慕い合うようになりました。
…（中略）…
　しかし、私が15、6歳になった頃、融和に反対するグループの連中が私のことを溺死させ、アーチ状の岩の近くに沈めました。詳しいことはわかりませんが、その後ふたつの部族は戦争になったようです。
…（中略）…

ポリネシアのときの過去世だけでなく、私と妻はこれまでの過去世で何度か恋愛関係になって、結ばれないということを繰り返しています。
　妻も何度か、私がみてきた過去世と共通する夢をみたことがあり、私たちの体験を総合すると、いろいろなことがわかってきます。たとえば、ポリネシアで少年だった私のことを殺したグループのトップは、別の過去世でも出てきます。過去世のなかで私と妻が恋仲になって、駆け落ちしようとしたところで同じ仇が現れて、二人は捕まってしまいます。結局私は、その相手に胸を矢で貫かれて殺されてしまいました。
…（中略）…
　このように、私と妻は過去世で何度か出会い、恋仲になったのですが、その度に引き裂かれてきました。いまの人生では、晴れて結ばれ、過去世の無念な思いを解消することができました。
（『人ははるか銀河を越えて』講談社インターナショナル　124〜134頁）

　本書をお読みになっている方にも、伴侶や恋人、あるいは仲のいい友人がいると思います。その人たちとの、今の関係はどうでしょうか？　幸せでしょうか？　平和ですか？　それとも、何か問題を抱えていますか？
　問題解決の方法はいろいろあります。その一つの方法として、過去世体験はとても有効なものだと思います。
　私と妻との関係は……その話はまた、次の機会にしましょう…。

　過去世体験において大切なことは、その人生で何を学んできたか、ということだと思います。
　母親と仲たがいしている40代の女性がいました。ヘミシンクのセミナーに参加する前に、さまざまなセラピーを受けていました。そこでわかったことは、この二人は過去世で何度も、親になったり子になったり、兄弟だったり雇用関係だったりを繰り返していましたが、いつも揉め事が絶えませんでした。いつも喧嘩をしている。

Chapter 2　過去世を知ることの意義

この方が言うには、「昔っから仲が悪いんですから、仕方ないですよね。あきらめます」と。
　ちょっと待ってください。過去世でも喧嘩しているから、今生でも喧嘩をしている…。もしそうだとしたら、未来世でも喧嘩をしていることになります。これって、何にも変わっていないですよね。何も学んでいないことになります。ただ生まれ変わって同じことをくり返している。
　そこで、「次のエクササイズでは、20年〜30年後の二人の関係はどうなっているのか、みてきたらどうでしょうか？」と提案してみました。
　さっそく彼女はやってみました。ガイドにお願いすると、連れて行ってくれたそうです。すると、20年後の母親はマンションの一室で孤独死していたのです。一ヵ月もの間、誰にも発見されず。「ざまをみろ！　自業自得だ！」と叫びつつ、彼女は涙が出てきて止まりませんでした。
　エクササイズが終わったあと、彼女は目を赤くして出てきました。どうでしたか？と聞いても、何も教えてくれません。しばらくそっとしておくことにしました。
　そして、一日のコースが終わって、一人ずつ感想を聞くときになって、やっと重い口をあけてくれました。「努力してみます…」と。

　第6章でも述べますが、未来探索の結果は確定したものではなく、可能性の一つにすぎません。今をどう生きるかによって、未来は変わります。それが未来探索の意義です。

目覚め：
自分とは誰かについての深い洞察の獲得

**自分は肉体を超えた永遠の存在であり、
より大きな自分のメンバーであるという、
自分とは誰かについてのまったく深い洞察が得られる。**

　過去世体験、そして未来世体験をすることで、私たちは、自分とは何者なのかについての、深い洞察を得ることができるようになります。

・自分は永遠の存在であり、人生は今生で終わるわけではない。
・自分は一人だけではない、より大きな自分のメンバーである。
・ともに学びを続けている仲間たちがいる。
・人生は自分で選んでいる。何を学ぶかのテーマも自分で決める。
・私たちの成長を見守ってくれている存在（ガイド）がいる。

　私たちは、なぜ、肉体をもって、この地球生命系に生まれてきたのでしょうか。何を学ぶために、今、ここにいるのでしょうか。
　過去世を体験することで、その答えに近づくことができるはずです。
　今を生きるための知恵を得るために──。

Chapter 3
ヘミシンクによる超時空探索

サイエンス・フィクション（SF）の分野では、「タイムトラベル」を題材にした小説や映画、ドラマ、漫画、アニメなどはたくさんあります。私も、子供のころから好きでした。個人的な趣味ですが、面白かったものをいくつか挙げてみます。
　古典的なものでは、H・G・ウェルズの『タイムマシン』（1895年）。1960年と2002年の2回、映画化されています。日本では『戦国自衛隊』（半村良）や『時をかける少女』（筒井康隆）など。どちらも映画化、ドラマ化されています。
　アメリカのTVドラマ『タイムトンネル』がNHKで放映されたのは1967年。私は中学一年生。その前年は『宇宙家族ロビンソン』が放映されました。どちらもめちゃくちゃ面白かったです。しばらくして、映画『バック・トゥ・ザ・フューチャーシリーズ』が大ヒットしました。
　最近だと、14世紀のフランスが舞台の『タイムライン』。宮部みゆきさんの『蒲生邸事件』もなかなか。どちらも映画になりました。漫画から映画になったものに『テルマエロマエ』。『JIN -仁-』はテレビドラマになりました。

　タイムトラベルの物語には、いくつかの"舞台設定"があるそうです。タイムマシンやタイムトンネルのような道具を用いるもの、個人の超常的な能力によるもの、タイムスリップや時空の歪みなど自然現象、異なる時空をつなぐゲート、などなど。
　ヘミシンクによる超時空体験のエクササイズでは、このような舞台設定を、"メンタルツール"（想像上の道具）として活用します。
　趣味も無駄にはなりません！

フォーカス15とは

　過去世・未来世探索の超時空体験のエクササイズは、主にフォーカス15を使って行ないます。フォーカスとは、ヘミシンクによって導かれるさまざまな意識状態を、便宜的に番号をつけたものです。
　以下、フォーカス15について簡単に説明します。詳細を知りたい方は、本シリーズの1、『ヘミシンク入門』（ハート出版）の77頁〜84頁をご覧ください。
　フォーカス15の特徴は、以下の4つに整理されます。

1）"無時間"の状態

　ロバート・モンローは、フォーカス15を「**"無時間"の状態**」（The state of "no time"）と呼びました。無時間——時間の無い状態。体験者の中には、すべての時間が存在する状態、と表現する人もいます。
　いずれにしても、フォーカス15は「**時間の束縛から自由になった状態**」です。そこで、過去世を見たり、追体験したり、未来の可能性を探索したりすることができるのです。
　フォーカス12で空間を超え、フォーカス15で時間を超えるので、まさに「時空を超えた意識状態」です。

2）単に存在する状態

　フォーカス15を初めて体験した人の多くは、次のように感じることがあります。
・真っ暗。暗黒。奥行きのある暗闇。

・息の詰まるような感覚。ねっとりした感覚。
・平安。安寧。やすらぎ。

　モンロー研究所では、フォーカス15を、次のように表現しています。
・静の状態（a state of stillness）
・単に存在する状態（a state of simply being）
・無（no thing）、空（void）
・そこに存在し満たされてある状態（beingness）
・活動開始の状態（initiation）
・自分の内面奥深くにある状態、自分の本質を表現できる状態、など

　また、瞑想や座禅を長年修行して到達できるような境地と同じであると言う人もいます。
　フォーカス15の静かで何も無い状態が好きだという人は多いです。何も考えないでフォーカス15を単に味わう…。それだけで心が落ち着き、今を生きているという実感が持てると言われます。

3）創造と具現化に最適な状態

　上記2）の特徴は、どちらかと言えば"受動的"な感じ方でした。しかし、フォーカス15で自ら"能動的"に動き始める（積極的にイメージし始める）と、まったく新たな特徴が出てきます。
・強力な創造と具現化の状態（a powerful state of creation and manifestation）
・潜在性（potential）や可能性（possibility）を秘めた状態
　このような特徴を生かして、アクアヴィジョン・アカデミーでは、「創造性開発」のセミナーを行なっています。また、「願望実現」のエクササイズも行なっています。

4）"大いなるすべて"につながりやすい状態

　フォーカス15は、"大いなるすべて"（"ALL THAT IS"）、あるいは"トータルセルフ"、"創造エネルギーの源"につながりやすい状態であると言われています。

　なお、本書でご紹介する二枚のCD、「ヘミシンクによる過去世（別の人生）探索」と「未来の探索」では、フォーカス15という言葉は出てきません。フォーカスを意識しなくても体験できるようになっています。

■「車輪の軸」のようなフォーカス15

　過去世や未来世の探索を行なうとき、モンロー研究所では、フォーカス15を「車輪の軸」に喩えて、その使い方を説明します。
　中央の軸の部分が時間の束縛から離れた状態、つまりフォーカス15です。車輪の外側の部分がいろいろな時代です。
　まず、現在の時間から無時間の状態（フォーカス15）、つまり中心の軸の部分へ行きます。すると、軸の部分からスポークを通ってさまざまな時間、時代へ行くことができます。

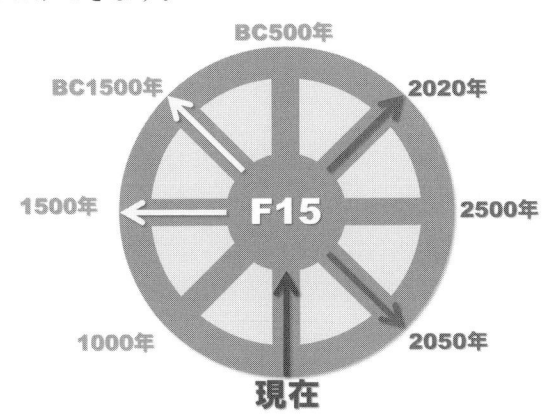

超時空探索の基本ステップ

　それでは、ヘミシンクを使った過去世・未来世探索の超時空体験の方法について、具体的に説明します。まずは、基本的なステップです。
　実際には、第7章でご紹介する二つのCDを使って行ないます。これからお伝えすることは、予習だと思ってお読みください。

1）まず、フォーカス15（無時間の状態）に移行します。
　ヘミシンクによって誘導されますので、リラックスし、流れに任せます。

2）自分にとって必要な過去世・未来世を体験できるようアファメーションし、ガイドやハイヤーセルフに協力を願います。

3）さまざまなメンタルツールや言葉による誘導をつかって時空を移動し、過去や未来を探索し体験します。

4）最後にガイドやハイヤーセルフと交信し、手助けに感謝し、戻ってきます。

　次に、「フォーカス15」については、すでに説明しましたので、「ガイドやハイヤーセルフの協力」「アファメーション」「メンタルツール」「ガイドやハイヤーセルフとの交信」について補足します。

アファメーション

　ヘミシンクのエクササイズは常に「自分は何をしたいのか」を意図することから始まります。意図したことを具体的な言葉、文章にしたものを「アファメーション」と言います。アファメーションについては、本「驚異のヘミシンク実践シリーズ」でも何度も述べてきましたが、自分の意志、意図を明確にし、それを内外に宣言する、ということです。
　内外の「内」とは自分自身のこと。自分は体験することを望んでいる、自分に対して体験することを許可する、という意味です。「外」とはガイドやハイヤーセルフ。彼らに告げ、理解と協力を望みます。

　自分が意図することからすべては始まります。ガイドは、手助けはしてくれますが、何かを勝手にやってくれるわけではありません。まずは「自分がやる」と決めて宣言し行動しなければ、何も始まりません。

　具体的には、「今の私にとって必要な過去世・未来世を探索します」。
他には「今の自分が成長するために、一番大切な過去世を知りたい」など。
　もう少し目的を特定すると、「この問題の原因になっている人生を体験したい」、「母親（父親）との関係について学ぶための過去世を体験したい」、「自分の適職は何か、そのヒントになるような過去世や未来世を体験したい」、あるいは一度体験したことのある「過去世の続きを体験したい」など。

　あまり結果を特定して期待しすぎると、失敗することがあります。たとえば「王女様だったときの過去世を体験したい」、「坂本龍馬だったときの過去世を体験したい」などの場合、ガイドが王女さまや坂本龍馬ではない人生を体験させようとしても、それを拒否することになってしまいます。

ガイドやハイヤーセルフの協力

　意図したあとは流れに任せます。たとえ意図したとしても、すべてが思い通りになるとは限りません。いつどこで何を体験するのか、結果はガイドにゆだねます。

　ガイドはあなたにとって重要な意味のあるもの、あなたが扱えるものだけを体験させてくれます。
　ガイドが今のあなたにはふさわしくないと判断したものが出てくることはありません。心を開き、安心して取り組みましょう。

　ガイドは、この機をとらえて何かを見せようとすることもあります。
　元気づけられる、勇気づけられるような体験をすることもありますが、ときには嫌な気持ちが残るような体験をすることがあるかもしれません。しかし、それは見るべき必要があって出てきていることだと捉えましょう。

　ガイドが見えなくても、存在が感じられなくてもかまいません。ガイドは必ずいます。いると思って進めましょう。また、毎回ガイドが変わることもあります。それでも OK です。

　あとで詳しく説明しますが、エクササイズの最後に、ガイドに尋ねます。「この体験を通して、私が学んだことは何でしょうか。その体験は、今の私の人生に、どのように影響しているのでしょうか」。
　ガイドと私たちは、ともに学び、ともに成長していく仲間です。ガイドはトータルセルフの一員。ということは、ガイドは私たち自身でもあるのです。

メンタルツール

　ヘミシンクのエクササイズでは、さまざまなメンタルツール（想像上の道具）を使います。とても重要なものです。メンタルツールの使い方次第で、体験が左右されると言っても過言ではありません。
　超時空探索では、次のようなメンタルツールを使います。それによって、時空を超えた移動が簡単になります。また、過去や未来の様子を把握しやすくなります。

・ドア（別の時代への入り口）
・エスカレーターや階段、エレベーター
・タイムトンネル、道路、通路、線路
・タイムマシン（これに乗って移動します）、乗り物、電車
・映画館、図書館、博物館、テレビ、DVD、パソコン、本、古文書
・肉体から体が浮き上がり、別の時代の別の人生に降りていく…

　たとえば、「目の前に、過去（未来）の世界へと続くドアがあります。そのドアを開けると、時空を超えて旅することができます。さあ、ドアを開けましょう」といったナレーションが入ります。ナレーションにしたがって、自分でもそのようにイメージします。
　そのようなナレーションが入っていないCDの場合には、自分から積極的にイメージし、自分で自分をガイドしていきます。

　他には、階段を登る（降りる）と過去（未来）の世界に出る、タイムマシンに乗るといった道具を使うものや、映画館や図書館などでDVDや本を手に取ってみると過去世（未来世）体験が始まるなど、いろいろあります。こ

れら以外にも、自分の好きなものを使ってもかまいません。いろいろ工夫して、どんどん使っていきましょう。

　私の場合は、トンネルが使いやすかったです。しかも、なぜか過去に行くときは洞窟のような暗いトンネルで、未来に行くときガラスでできた透明な細いトンネルでした。

　くり返しになりますが、どんなにアファメーションし、メンタルツールを使っても、自分の意図しない時代、場所に導かれることがあります。未来に行こうと思ったのに、過去に引き戻されることがあるかもしれません。江戸時代の過去世の続きを見たいと思ったのに、ヨーロッパ中世に導かれるかもしれません。

　どこに導かれるかは、ガイドやハイヤーセルフの計らいに任せます。そのほうがうまくいくのです。そして、予期しなかったことが起きたときのほうが、自分にとって重要な体験である可能性が高いです。

学びと気づき

　エクササイズが終わり、目覚めた状態に戻ってくる前に、ガイドやハイヤーセルフとの交信を行ないます。問いを投げかけ、答えを待ちます。

・どこでの人生だったか。
　それはいつ頃か。
・この人生で学んだことは何だったか。
・このときの体験で、今の自分によい影響をもたらしているものは何か。
・この人生で体験した感情や信念で、今の自分を制限しているものはあるか。
・どうしたらそれを解放することができるか。
　そのために今できることは何か。

　答えは言葉で来るとは限りません。何か画像や映像、音、シンボルといった言葉にならないメッセージの場合もあります。なるほど！といった気づきという形で来るかもしれません。心を開いて受け止めます。
　意味が分からないことがあるかもしれませんが、その場ではとにかく受け止め、意味や解釈はあとから行ないましょう。

　このときの体験を通して得た知恵に対して感謝します。そして、手助けしてくれたガイドやハイヤーセルフの計らいに感謝します。

　このときの体験を、しっかり記憶にとどめます。覚えているということが大切です。これからはいつでも思い出すことができます。

体験した内容の検証

　体験した過去世が本当かどうか検証したいときは、ガイドに「この時代を特定できる、何か証拠を見せてください」などとお願いするといいでしょう。たとえば、その時代、その土地の支配者の名前とか、年号とか、地名などを尋ねるのです。

　名前がふと思い浮かんだり、年号がパッと見えたりすることもあります。あるいは、服装やファッションなどで判断できることもあります。

　しかし、「時代考証」はそれほど厳密に行なう必要はありません。また、証明できなければ意味がない、というものでもありません。もともと、曖昧な部分のあるのが過去世体験です。詳細は別にして、全体としての状況やストーリーの中に真実があります。

　大切なことは、追体験し、記憶がよみがえり、問題の原因がわかり、それを解放することによって、今を生きる私たちが自由になり、よりよく生きていけるようになることではないでしょうか。

Chapter 4
超時空体験のヒント

過去世探索のヒントは、今生での生き方や価値観、信念、あるいは趣味、嗜好、好き・嫌い、得意・不得意といったことの中にちりばめられています。それらのヒントに気づいていくと、それが"呼び水"になって、ヘミシンクの体験も進みやすくなります。

　第2章でも述べましたが、私の場合、仕事の上では大工や建築家だったときの職人気質の影響を受けています。
　子どものころを振り返ってみると、小学生のとき、自宅が増築されたのですが、生まれて初めて家の設計図なるものを見て、その美しさに見とれました。その影響で、中学校のときの技術家庭では、自由課題に家の設計図作製を選びました。今でもときどき、建築関係の雑誌を立ち読みしたり、分譲マンションの新聞の折り込みチラシを眺めたり、毎週欠かさず『大改造!!劇的ビフォーアフター』を観たりします。

　社会人になってからのことですが、おもちゃの"レゴブロック"に凝ったことがありました。半年ほど、毎週日曜日にはレゴに没頭していました。毎週、作っては写真を撮って崩す。二度と同じ家は作らないというルールを自分で決めて。……妻はあきれていました。
　プラレールという電車の模型に凝ったこともあります。息子に触らせず、自分だけで楽しんでいたので、よく怒られました。これも、半年から一年くらいは続いたでしょうか。熱が冷めると、突然止めてしまいました。

Chapter 4　超時空体験のヒント

　学生時代、世界史を勉強していて、「フン族の民族大移動」という言葉に、ものすごい魅力を感じていました。楼蘭、敦煌、天平の甍、シルクロードといった言葉を見たり聞いたりするだけで、ゾクゾクします。"禅"や"草原""風"という字が好きです。……これらを呼び水にしていくつかの過去世探索を行ないました。予想通りのものもありましたし、意外な展開になる場合もありました。しかし、必ず探索のきっかけになりました。

　みなさんもぜひ試してみてください。たとえば、世界遺産を集めた写真集、旅行のガイドブック、世界史や日本史の本などを見ていて、気になる場所、時代などがあれば、それを呼び水にしてみるのもいいと思います。好きなものだけでなく嫌いなものも、過去世に何らかの理由があってのことかもしれません。

　アクアヴィジョン・アカデミーの「フォーカス15超時空コース」では、お昼休みに10分程度ですが、世界遺産を紹介する映像を観てもらっています。リラックスして、ただ観てもらうだけです。何かを思い出すきっかけになれば、と思っています。

体験の2つのタイプ

　過去世や未来世の体験には、以下のような2つのタイプがあります。「外」から見るか、「内」から見るか、の違いです。

1）映画やテレビを観るように、外から自分を見る

　第三者的な立場から、そのときの自分を見ます。他人を見ているようですが、見えている人は過去や未来の自分だとわかります。
　たとえば、馬に乗って走っている自分を見ている。大勢人がいる中で、あの着物姿の女性が自分に違いない、とわかる。

2）そのときの自分の目を通して外を見る

　そのときの自分自身を追体験します。あるいはその時の状況を思い出します。かなりリアルな体験になることが多いです。
　たとえば、気づくと自分は泳いでいた。トンカチで釘を打っていた。草鞋を履いて着物を着ていた。インディアンだった。

　どちらが正しいとか正しくない、というものではありません。どちらも自分の体験です。
　また、一回の体験で二つのタイプが途中で混ざる場合もあります。外から見ていたのに、気がついたらその時の自分の体に入っていた。しばらくするとまた外から見ていた…。

情報の受け取り方

　一連の体験が一回のエクササイズで完結することもあれば、何度か繰り返してやっと完結することもあります。
　たとえば第２章で紹介した私の体験例、反乱軍のリーダーの場合は、一回か二回のエクササイズで解放・救出することができました。しかし、長いものだと２年近くかかったものもあります。

　『あきらめない！　ヘミシンク』（ハート出版）にも載せましたが、「落ち武者の救出」のエピソードです。最初に受けたヘミシンク・セミナーで、フォーカス15で落ち武者をみて、これは自分だ、と直感的にわかったような気がしたのですが、ただそこにいるだけで、何も動きがなかったのです。その後、フォーカス15に行くたびに、彼の姿を見ていました。しかし、何もできません。
　落ち武者の体験が完結したのは、私が救出・解放のテクニックを覚えてからです。そのとき私は彼を抱きしめ、光に包まれ、そして解放しました。最初に見てから21か月が経っていました。ずっと引っかかっていたものが取れた感じがしました。感動しました。
　「**ジグソーパズルのピースを集めるように**」と表現されます。エクササイズのたびにピースを集めて、物語を創り上げていく。完結した、と実感できるまでには、時間のかかることもあるのです。

　体験は、映画を観るような感じで連続したストーリーが続く場合もありますが、どちらかと言えば、そういうケースは少ないです。それよりも、たとえば一枚の写真のように、情報の断片を受け取る、ということのほうが多いです。しかも、実はその断片の中にたくさんの内容が含まれていることがけっ

Chapter 4　超時空体験のヒント

こうあるのです。

　モンロー研究所では、このような情報の塊のことを、ROTE（ロート）と言っています。英語で、Resonant Organized Thought Energy（共鳴し体系づけられた思考のエネルギー）と呼んでいます。ROTEは写真のようなものだったり、光のボールのようなものだったり、食べ物、石ころ、箱などいろんな形で把握されます。

　これも『あきらめない！　ヘミシンク』に書きましたが（120〜121頁）、過去世体験のセミナーで、一枚の奇妙な写真を見たことがあります。苔むした石畳の参道で、山側に石垣がある——たったこれだけの写真です。しかし、なぜか宗教都市、という感じがしました。場所は日本。日本の宗教都市といえば比叡山、高野山、奥州平泉など。しかし、北陸、という印象。すべてインスピレーションで、そう確信できるのです。

　調べてみると、福井県勝山市にありました。白山平泉寺。中世の巨大な宗教都市だったそうです。現在発掘中、とのこと。3年後に現地を訪ねる機会がありました。発掘中の様子を展示してあったのですが、そこに飾ってある一枚の写真みて驚きました。私がみたヴィジョンとそっくりなのです。驚きました。

　超時空体験の時には、**印象**（インプレッション）と、**直感**（インスピレーション）を大切にしましょう。心を開いて予断なく、そんな気がする、なんとなくそう思う、見えたような気がする、といった微妙な感覚を大切にしていくと、しだいに実感のある体験ができるようになっていきます。

知覚方法の主要な3つのタイプ

　人にはそれぞれ得意な知覚方法があると言われています。主には「視覚」「聴覚」「感覚」の3つであり、その中のどれか一つがメインになり、他の知覚は補助的な役割になります。嗅覚や味覚もありますが、それも補助的なものであると言われています。
　過去世や未来世を体験する際にも、人によってこの3つのタイプのいずれかが主要な役割を果たしていることが多いようです。

・「視覚」とは、目で見るように体験する──このタイプの人が一番多いようです。私もこのタイプです。
・「聴覚」は、人の声が聞こえるなど──坂本さんは言葉による交信を得意としているので、どちらかといえば聴覚タイプではないかと思います。
・「感覚」には2種類あって、触覚や体感覚としての感覚と、デザイン感覚などのようなセンス、感じ方、あるいは感受性としての感覚という、二つの意味を含んでいます。「体が熱くなってきました」というのは"体感覚"で、「いやな感じがしました」というのは"感性"です。

「何も見えません！」と言っていた人に、「どんな感じがしますか？」と聞くと、「大きな椅子に座って、頭に何か冠っているようです」と答えます。この人は感覚タイプです。「すごい！　他には何が見えましたか？」と聞くと、またしても「何も見えません！」と答えます。質問する私が視覚タイプなので、どうしても見えましたか？と聞いてしまうのです。
「聴覚」タイプだと、たとえば「蹄の音が聴こえます。これから戦いに行くようです」とか「人の声が聞こえます。争っているようです」といった感じになります。

Chapter 4　超時空体験のヒント

坂本さんが交信しているときには、「誰かが語るような感じに、言葉で情報が伝わってきます」ということだそうです。人それぞれです。

　まずは、自分の得意な知覚方法は何かを知り、それを使ってみましょう。そのあとで、他の知覚方法を試してみます。そうすると比較的早く体験ができるようになります。

　得意なタイプの見分け方ですが、たとえば次のような質問をしたとき、どのように答えるかによって、ある程度わかります。

Q．ペットの犬や猫のことを思い出してみましょう。
　　①表情や動作が見える……………………視覚タイプ
　　②鳴き声が聞こえる………………………聴覚タイプ
　　③体温や毛並を感じる……………………感覚タイプ（触覚・体感）

Q．お気に入りの飲食店を思い出してみましょう。
　　①お店や食べ物の映像が見える…………視覚タイプ
　　②お客の話し声やBGMが聞こえる……聴覚タイプ
　　③食べ物の味やお店の雰囲気を感じる…感覚タイプ（感じ方、センス）

　ガイドと出会ったときの知覚方法も、タイプによって異なります。
①「私の前にガイドが姿を現しました。○○に見えます」……視覚タイプ
②「ガイドが私に語りかけてきます。優しく澄んだ声です」…聴覚タイプ
③「暖かな愛情に包まれている感じがします。幸せです」……感覚タイプ

起きていることに純粋に集中する

「何も体験できません！」という人の多くは、「自分の期待している体験ができません！」と言っている場合が多いです。何も体験できない人はいないのです。期待していることが起きていないから、体験できない、と思い込んでいるのです。

「起きてほしいこと」という期待を手放し、「起きていないこと」ではなく、「起きていること」に集中しましょう。
　自分では「たいしたことはない」と勝手に思いこんでいても、実は貴重な体験だったりすることがあります。たとえば「紫色の光が見えたような気がします」と言っているにもかかわらず、「何も体験できませんでした」とか、「ただそれだけでした」と言う人がいます。
　ひょっとしたら、その光に向かって進んでいくと、過去世や未来世に行けるかもしれません。あるいは光の存在そのものが、ガイドかもしれないのです。声をかけてみるのもいいかもしれません。

「ドアが出てきたのですが、閉まっているのです。開けちゃダメってことかと思って、あきらめました」って、もったいないです。思い込みです。開けて、中に入って、前に進んでください。自分を制限しているのは自分です。他の誰も止める人はいません。
　虚心坦懐。心を開いて、囚われや思い込みを捨てて、純粋な体験を楽しみましょう。

今生を観察することで得られるヒント

　この章の冒頭でも述べましたが、自分の過去世はどうだったのか、それを知る手掛かりは、今生での生き方や価値観、信念、あるいは趣味、嗜好、好き・嫌い、得意・不得意といったことの中にちりばめられています。
　ありのままの自分を観察し、よく知ることで、過去世探索のきっかけをつかみやすくなります。それらのヒントに気づいていくと、"呼び水"になって、ヘミシンクの体験も進みやすくなります。
　ここで示すのは一つのサンプルです。自分で工夫し、いろいろ試してみてください。

■手がかりを得るためのチェックリスト（例）

　「好き・嫌いリスト」です。なぜか昔から好きだった国、あこがれている時代、嫌いな食べ物。仕事、ファッション、音楽、映画、小説…。静かに目を閉じて思い出してみましょう。

	好きなもの	嫌いなもの
国、時代、自然、旅行		
食べ物、食習慣		
職業、仕事、商売		
家や庭、家具、インテリア		
ファッション、アクセサリー		
音楽、歌、メロディ		
映画、TV番組、小説、物語、詩		
景色、場面、状況		

自分の**「観察ノート」**です。傷やアザなど、体のこと、性格、人間関係、才能、罪悪感、恐怖心、繰り返し見る夢…。

原因不明の肩痛に悩まされていた人が、実は過去世でその部位に矢が刺さって亡くなったという体験を思い出し、それによって痛みが取れはじめた、といったこともあります。修道士だった過去世を持つ人が、セクシャルなことに対して異常な嫌悪感や罪悪感を持っているということもあるようです。夢の中で、いつも誰かに追いかけられているとか、水の中でもがいていて息ができないとか……いかがでしょうか？

	特徴や状態、内容
肉体的特徴、障害・能力、健康状態	
性格、感情、人格的特徴	
家族、友人、人間関係	
趣味、興味、特定の才能	
罪悪感、犠牲心、復讐心、恐怖心、嫌悪感、強固な信念	
繰り返し見る夢、強く印象に残っている夢	

■手がかりを得るためのキーワード（例）

「連想ゲーム」をしてみましょう。リラックスし、目を閉じて、次表のような言葉のどれか一つを、声を出して言うか、心の中で唱えて、思いをめぐらせてみます。その言葉から連想されるイメージやシーン、感情を観察します。

あわてずに、一つずつの言葉にたっぷり時間をかけます。自由に連想し、出てきたイメージをノートに書きとめましょう。言葉はランダムに選んでいいです。自分で言葉を増やしていってもかまいません。

- 海、海岸、砂漠、山の中、森林、平原、草原、高原、島、密林、都市、農場

- 日没、日の出、夜空、星、青空、満月、曇り、霧、雨、風、雪、雷鳴、稲妻、湿気、暖かい、寒い、暑い、炎

- 戦争、平和、兵士、槍、銃、刀、ナイフ、将校、武士、行進、群衆、馬、戦車、痛み、絞首刑、切腹、死刑、毒、飢え、飢饉、洪水、火災

- 教会、寺、神社、モスク、洞窟、奴隷、王、神官、治療師、呪術師、商人、音楽、肉体、葬式、誕生

- 外国、旅、遊牧、移民、航海、船、飛行機、列車、自動車、馬車、城、城壁、大聖堂、伽藍、隊商

- 本、書く、筆、墨、ペン、滝の音、波、静か、騒々しい、混雑

- 肉、魚、米、麦、芋、パン、焦げるにおい、煮るにおい、羊、牛、豚、犬、猫

- ピラミッド、UFO、プレアデス、オリオン、シリウス、アトランティス、ムー

　アクアヴィジョンのトレーナー仲間のひとり、大野光弘さん（ミツさん）は、「ピラミッド」という言葉から、エジプトではなく中南米を思い出し、それがきっかけになって、マヤ時代の過去世体験につながったそうです。

　私の場合、以前から敦煌、楼蘭、天山といった地名や言葉に魅かれていたのですが、それらをきっかけに何度かエクササイズを続けていくうちに、ひとつの過去世がわかってきました。
　最初の体験です。——干上がった川底のような、石ころだらけの乾燥したところを歩いていました。行く手には、雪をいただく高い山が見えます。——パッと場面が変わりました。極寒の吹雪の中、断崖絶壁にかろうじて貼り

ついているような細い道を、数人のグループが、ゆっくりと登っています。

　数か月あとになって、その続きを体験しました。──山を下りるにしたがって、しだいに暖かくなってきました。湿度も高まってきます。植物相ががらりと変わってきました。河に出ました。下流に向かって歩いていきます。暑い…。

　またしばらく経って、続きを体験しました。──坊主頭の男がひとり、黙々と経机に向かっています。一心不乱。──そのとき、男の思いが私に伝わってきました。「まだ帰れない。まだ帰れない」。──どうやら、仲間は先に帰り、一人この地に残って写経（あるいは訳経）を続けるつもりのようです。──仲間たちが旅立つのを見送る場面が見えてきました。結局この男は、この地で人生を終えたようです。

　おそらく、中国から西域を抜け、カシミール地方を経てガンジス河を下り、インドのナーランダーあたりに着き、当時中国では最先端の思想とされていた仏教を学んでいたのではないか、と推測します。

　その後も似たような過去世体験をしました。インドから中国に無事に戻ってこられた人生もあったようです。

　また、中国からインドではなく、日本から中国に行った、遣唐使のような過去世を見たこともあります。

　学生時代から仏教には興味がありました。それも、原始仏教あるいや上座部（小乗）仏教の方に関心がありました。今、モンロー研究所のヘミシンクをお伝えしている仕事をしているのも、インドや中国がアメリカに変わっていますが、かの地の思想や技術を持ち帰るということでは、似たようなことをしているのかもしれません。

　手がかりを得るためのチェックリストやキーワードをもとに、みなさんも試してみてください。

Chapter 5
超時空体験による癒しと解放

ヘミシンクに本格的に取り組み始めてから、これが過去世体験だ！という実感が持てるようになるまでに、二年近くかかりました。それまでの間に、まったく体験がなかったわけではありません。断片的な情報は得ていました。しかし、これだ！という実感をともなうものではありませんでした。

　前章でも述べましたが、実感のある過去世体験ができるようになったきっかけは、救出活動のテクニックを覚えたことでした。それによって、どんな過去世を見ても大丈夫だ！という安心感を得られたのです。

　救出活動＊とは、ガイドとともに、フォーカス23〜26という領域に囚われている存在を助けだし、輪廻の中継点と言われるフォーカス27まで連れて行くもので、これも一つの解放のプロセスです。このテクニックを覚えたことによって、どんなにつらい、苦しい過去世を見ても、解放することができる、過去の自分を助けることができる、という自信ができたのです。

　過去の事実や記憶は消せませんが、そのときの自分を受け入れ、囚われから解放し、今の自分を制限したり束縛しているような感情や価値観からの影響を手放していくことはできます。

　過去世体験において、もっとも重要なことは、この解放のプロセスではないかと思います。もちろん追体験するだけでもいいのですが、解放した、助けた、という実感を伴うとき、私たちは、過去世から多くのことを学ぶことができます。

注）救出活動のテクニックは、モンロー研究所の「ライフライン」というプログラムや、アクアヴィジョン・アカデミーの「フォーカス27体験コース」に参加すると学ぶことができます。

癒し（ヒーリング）

　私たちの多くは、「なぜそうなのか」という理由や原因を発見して納得したとき、最もそれを手放しやすくなります。原因がわからないうちは、自分は何を、なぜ悩んでいるのかさえ理解できません。
　過去世を追体験することによって、今生でのさまざまな問題や悩みの原因が過去の人生にあったということに気づいたとき、私たちはそれを乗り越えていこうと思えます。過去世を知ることによって、過去に起因するさまざまな制約・制限から自由になり、本来の自分を取り戻すことができるようになります。

　しかし、問題の原因となっている過去世を、ただ知っただけでは不充分だと感じることもあります。たとえば、自分は死んだのにその事実を受け容れられていないとき、自殺した現場を体験したとき、夫婦や子供が引き裂かれて悲しんでいるとき……ただ追体験しただけでは納得できないと思うのではないでしょうか。
　そのような時には、「**癒し（ヒーリング）**」を行なってみましょう。

①まず、癒すことを意図し、そのことをガイドに伝えます。
②そして、その意図を態度で表現します。
　たとえば、光に包まれる、上昇していく、愛のエネルギーに満たされる、といったことイメージする。あるいは、ハグする、笑う、喜ぶ、自分と一体化する…。直感にしたがって、いろいろ試してみてください。
※「ライフライン」や「フォーカス27体験コース」に参加したことがある方は、救出活動のテクニックを使ってもかまいません。

Chapter 5　超時空体験による癒しと解放

大切なことは、愛おしい気持ち、慈しむ気持ち、大切に思う心です。そして、自分は常に光り輝く喜びに満ちた存在であると思うこと。
　私が経験したことなのですが、何らかの癒しが必要だと感じる場面になったとき、どうしていいかわからず、思わず抱きしめたことがあります。ハグしたのです。すると、光に包まれ、暖かくなり、楽になり……そして、解放感と安心感に包まれる…。何度か経験したことがあります。
　あるいは、優しく語りかけてもいいでしょう。「ご苦労さま。もう十分に学んだね。もう離れよう…」

　ときとして、特定の過去世に深く同情し、涙が溢れてくることもあります。そのときは、我慢する必要はありません。泣きたいときには泣きましょう。**「涙には癒し効果がある」**と言われています。泣いて涙が出るという状態は、交感神経優位から、副交感神経優位へと切り替わることによって起こるそうです。なので、ストレス状態が解消され、リラックスした状態になる。しかし涙をこらえると緊張状態を長引かせ、ストレスをためることになる。
　また、泣いたあとには、脳内ホルモンの「エンドルフィン」が増加するとのこと。エンドルフィンには心身の鎮静作用があります。
　泣きたいときは我慢せず、泣きましょう。

　しかし、あまりにも特定の過去世に**共感しすぎて**、そこから抜け出せなくなってしまうのはよくありません。
　可哀そうだなとか、辛そうだなと思っているうちはいいのですが、申し訳ないとか、すまないなど、同情・共感しすぎて、自分もいっしょに悲しんでいるような錯覚に陥ってしまうのです。
　そのようなときは、いったんその過去世と自分との間に距離を置いてみましょう。冷静になってどうすべきか考えてみましょう。その人は、あなたの過去世かもしれませんが、今のあなた自身ではありません。

冷静に考えて、その人はどうすべきか、自分自身はどうすべきかを、よく考えてみましょう。

共感というのは、同じように悩むことではありません。相手が悩んでいることを「理解」することです。同調ではなく理解です。
　私は私、あなたはあなた。あなたの悩みは私の悩みではない。でも、あなたが悩んでいることはよくわかる。いっしょに悩みを解決しましょう。悩みの原因を手放し、自由になりましょう。

解放はガイドとの共同作業

　過去世体験・未来世体験は、ガイドとともに行ないます。自分の意思を明確にしたあとは、すべてをガイドに任せます。
　ガイドは、今の私たちに必要なものを体験させてくれます。もし特定の過去世を見たいと意図しても、ガイドが今の私たちにはふさわしくないと判断したら、それは体験できません。また、今の自分が受け入れられないような体験をすることもありません。
　過去世体験を始めると、最初は比較的簡単な、あるいは楽しい体験から始まり、しだいに癒しや解放が必要なような困難な体験へと移っていくこともあります。

　あるいは、最初から最も重要な過去世をみせられることもあります。
　坂本さんの場合は、ポリネシアの少年でした。一度の体験では終わらず、何度もくり返しエクササイズを行ない、セミナーにも参加して、やっと救出・解放しています。そして、さまざまな気づきがありました。夫婦関係についての気づきです。なぜ今、自分たちは夫婦なのか。何を学ぼうとしているのか…。
　私の場合は、落ち武者でした。２年近くをかけて救出・解放し、家族愛とは何かについて、多くを学んだような気がします。
　いずれにしても、こちらが真剣に取り組んでいれば、必ずガイドからの支援はあります。

　しかし、ガイドは、お願いすれば何でも叶えてくれる、便利な存在ではありません。過去世体験でも、いきなり訪ねてきてすべてを癒してくれたり解放してくれたりするわけではありません。それは、私たちの人生に直接干渉

することになるからです。

　ガイドは一方的に私たちから体験を奪うようなことはしません。私たちが意図し行動したときに、それを手伝ってくれます。私たちの自由意志に任されています。超時空体験は、**ガイドとの共同作業**なのです。

　ガイドを**信頼**しましょう。しかし、ガイドに**依存**してはいけません。ガイドは私たちが**自立し成長すること**を望んでいます。
　ガイドは、私たちを決して裏切ることはありません。なぜなら、ガイドも私たちも、同じトータルセルフの一員。私たち自身でもあるからです。
　私たちが自らの意志で、自ら考え、自ら行動し始めたとき、ガイドは必ず手助けしてくれます。必ず、です。なぜなら、それがガイドの役割だからです。私たちの自立と成長を手助けするのがガイドの仕事です。手助けすることを通して、ガイド自身も成長しているのです。
　ガイドと私たちは、ともに生き、ともに輪廻を繰り返しながら、成長しているのです。

罪と罰…束縛からの自由

　たとえば、「過去世で泥棒や殺人の"罪"を犯したから、今生で"罰"を受けている。罰を受けて当然だ」といった考えは間違っています。そのようなルールはありません。
　また、自分は"犠牲"にならなければならないとか、"復讐"されて当然だとか、そんなルールもありません。
　不要な罪悪感や犠牲心は手放しましょう。

　すべては学びと成長のためです。そのために、次の人生のテーマを何にするかを、私たちは自分で決めているのです。もちろんガイドやハイヤーセルフと相談しながら、です。しかし、決めるのは自分。私たち自身の選択なのです。
　ですから、ある過去世をひどく憎んだり、責めたり、裁いたりしないようにしましょう。そのような過去世にこそ、癒しが必要です。解放が必要です。そのときの過去世の自分を、見つめ、受け入れ、そして手放します。

　また、過去世で決めてきたことに、頑なに縛られる必要はありません。
　たとえば、過去世で宗教的な「清貧」「禁欲」「沈黙」などの誓いを立てていたとき、あるいは支配・被支配の関係での「忠誠」や「忠義」の誓いを立てたとき、今生での価値観や信条の中に、その影響が残っていることがあります。
　そのような縛りからも、自由になりましょう。自分を自由にするのです。

自分を変えたくないという本音

　ときとして私たちは、過去世の記憶にしがみついてしまうことがあります。その記憶を手放してしまうと、自分が自分でなくなってしまう、と思い込んでいるのです。あるいは、過去の問題を解決し、悩みがなくなってしまうと、逆にどうしていいのかわからない。不安定になってしまう。
　その記憶を持っていること、問題を抱えていること自体が、自分の存在理由、アイデンティティになっているのです。
　このようなことは、過去世ではなくても、よくあることです。たとえば、いつも病気がちの人が、治したい治したいと言っているくせに、生活習慣や食生活を変えようとしないとか。
　ある会社では、健康診断のあと、管理職間で必ず"尿酸値自慢"が始まるそうです。「お前の値はいくらだ？」「俺はいくらだ」「まだまだだな」……不健康であることが、バリバリ仕事をしている証拠だということになっているのです。体を犠牲にしてまで、こんなに俺は働いている。健康なやつは働いていない……。（ちょっと話がズレました）。
　過去世の場合も同様に、誰しも思い出したくない記憶というものがあります。触れたくない。変えたくない。怖い。そのままにしておきたい。

　過去世体験のエクササイズで、次から次へと映像や画像がフラッシュのように、場面が変わる人がいます。そういう人の場合、二つの原因が考えられます。
　一つは、まだ過去世体験を始めたばかりで、集中力が続かない場合です。これは、時間が経てば治まります。潜在意識の整理が進めば安定してきます。
　二つ目は、ガイドは特定の過去世に連れて行こうとしているのですが、本人が無意識のうちに抵抗し、別の場面に変えたいと思っている場合です。無

意識のうちに逃避しているのです。
　もしそのような状態になったとしても、あわてる必要はありません。落ち着いて、一つの問題にじっくり取り組むように心がけてください。たくさんの情景をみるということは、そういう能力を持っているということなのですから。

　もっとも大切なことは、「自由になろう」という意図を明確に持つことです。すべての制約から自由になって、真の人生を生き抜きたい！という強い意志を持つことです。
　どうしたいか、どうするかは、私たちの自由意志です。自由選択です。誰も強制することはできません。ガイドやハイヤーセルフといえども、勝手に私たちの意志を曲げたり選択を変えたりすることはありません。
　自由になるという意志を持ち続け、自分のペースで少しずつ、進んでいきましょう。焦る必要はありません。前に進んだり、後ろに下がったりしながらも、少しずつ、進んでいく。

　これは極端な例ですが、セミナー日の直前になって急に、参加したくない！という気持ちが湧きあがってきて、キャンセルの電話をしてくる方がいます。
　仕事の都合が悪くなったとか身内に不幸があったとか、何かの理由があるわけではない。ただ行きたくなくなった。あるいは、行ったらダメだって私のガイドが言うんです、といった理由（？）をおっしゃる人もいます。
　そういう場合は、落ち着いて、よく考えてください。解放されそうだからこそ、内面の抵抗が始まっているのです。心を鎮めて、自分自身と対話し、結論を出してください。

潜在意識の浄化

　願望や欲求、あるいは期待が、過去世体験をゆがめることがあります。

　「維新の志士だったらいいのになあ」という願望を無意識のうちに持っていると、たとえば着物を着て月代を剃って刀を差している……という姿が見えただけで、「あ、幕末だ、維新の志士だ」と解釈してしまうことがあります。実際には幕府側で旗本だったかもしれないですし、まったく時代が違っていたかもしれません。願望がゆがめて解釈させてしまうのです。

　「ヨーロッパの可哀そうなお姫さまだったかしら…」と思っていると、石畳や石造りの建物を見たとたんに、「あ、お城。中世のヨーロッパ。あの中に幽閉されていたのかもしれない……」と思い込んでしまう。実際には、領主だったかもしれないし、商人だったかもしれない。あるいは、大聖堂を作った職人の一人だったのかもしれません。

　また、「今生でこんなに苦しいのは、きっと過去世で誰かに貶められたことがあったからに違いない」と思い込んでいると、東尋坊のような断崖がみえただけで、「あそこから突き落とされたのかもしれない」などと解釈してしまう。実際には、沖のほうを進む北前船を見ていただけかもしれません。

　思い込みたいという無意識の働きが、このように解釈させてしまうのです。無理やりです。強引な解釈。
　いったん思い込むと、それ以外のイメージが出てこなくなってしまいます。他のイメージを、無意識のうちに排除してしまうのです。

思い込みを捨てて、純粋な体験ができるように心がけていく必要があります。しかし、多くの場合、ゆがめている原因は潜在意識の中にあります。顕在意識では、気づかないのです。解放するのはなかなか難しいです。

　ヘミシンクには、潜在意識にアクセスしやすいフォーカス10という意識状態で、無意識の浄化を行なうエクササイズがあります。ウェーブⅠの#4「リリースとリチャージ」や、「ヘミシンクによる心と体の若返り」の#4「浄化し調和しましょう」、「ヘミシンクによる創造性開発」の#6「チャンネルの浄化」などがおすすめです。本書ではご紹介しませんが、機会があればぜひ試してみてください。

すべての人生に感謝

　過去世体験には、癒しや解放が必要なものばかりではありません。元気づけられたり勇気づけられたりするような、楽しい過去世を思い出すこともあります。
　また、結果はどうあれ、そのようにアファメーションしてエクササイズに臨む場合もあります。「楽しかった人生を体験したいです」など。

　元気や勇気をもらえるような人生を体験した場合には、その時の体験に感謝し、今の自分をサポートしてくれるように望みましょう。
　ただし、過去に成功したことが、そのまま今生でも再現されるわけではありません。過去にお金持ちだったとしても、今生ではお金に不自由な人生を経験することをテーマとして選択しているかもしれません。過去にリーダーだったとして、今生ではリーダーを支える片腕役の経験を選択しているかもしれません。

　悲しい人生、苦しい人生、楽しい人生、孤独な人生、賑やかな人生、泥棒の人生、泥棒を捕まえる人生……などなど、私たちはさまざまな人生を経験したいと思っています。そこから学び、成長したいと思っています。
　たとえ失敗があったとしても、それにも感謝し、二度と同じ失敗は繰り返さないと学びを深め、次の人生ではまた別のテーマを選んでいく……学び終えるまで。

　過去世体験のエクササイズで、どんな人生を体験したとしても、すべてに感謝しましょう。

Chapter 6
何を学び、何を選ぶか

「過去世を見てもらう」
「未来世を見てもらう」

　あなたは、過去世や未来世を、誰かに見てもらったことはありますか？
　私は見てもらったことはありませんが、聞かされたことはあります。お願いしたわけでもないし、お金を払ったわけでもないのですが、「過去世を見てあげる」と言われて、勝手に教えてくれるのです。
「19世紀のイギリスで、ギルドの親分のようなことをやっていましたね」
「あ、そうですか…。でも、私は覚えていません」

　誰かに見てもらうことは、ときには参考になることがあるかもしれません。しかし、私にとっては、「あ、そうですか」という程度で、まったく実感がわきませんでした。実感を伴わないと、何も変わりません。ただ情報を得た、というだけで、他人事のようです。

　悲しい過去世を見て涙する。それを解放して喜ぶ。未来を見て落ち込み、焦り、反省し、今を頑張ろうと心を入れ替え、行動を改める…。
　私たちは、何ごとも体験して初めて納得できます。自分で体験する以上に説得力のあるものはありません。

Chapter 6 何を学び、何を選ぶか

「過去のトラウマを解放してあげる」
「未来を書き換えてあげる」

「え？　そんなことできるんですか？　よろしくお願いします」って……大丈夫ですか？
　安易な話には、気をつけましょう。

　ヘミシンクの素晴らしさは、自分で体験できることです。人から聞いたことや本で読んだことを真に受けるのではなく、自分で体験し、自分で納得するのです。
　自分を変えることができるのは、自分だけです。同じように、他人を変えることができるのも、当人だけです。あなたが変えてあげることはできません。変えてもらうこともできないのです。

過去からの学び

　過去世体験とその解放のプロセスから、何を学んだか、が大切です。
　もちろん、全部が全部、すぐに学びにつながる過去世体験ばかりとは限りません。何が何だかわからないまま終わることがあるかもしれません。あるいは、楽しい過去世体験だったね、で終わることがあるかもしれません。それはそれでかまいません。
　しかし、最終的には、何を学び、今の自分にどのように生かされているか、が大切です。

　ときどき、次のような会話を聞くことがあります。

「あなたとは過去世で仲が良かったから、今でも仲間なんですね」
「あなたとは過去世で仲が悪かったから、今でもケンカしているんですね」
「奴隷だったり女中だったり召使だったり…だから今でもこうなんですね」
「あの人は過去世で裏切った人ですよ。気をつけましょう」
「昔は一国一城の主だったのに、今はしがないサラリーマン。変だなあ」

　これって、何かおかしくないですか？　確かにそういう過去世を見たのかもしれませんし、実際にそうだったのかもしれません。しかし、このままではまったく成長していません。進歩していません。過去世に原因を求めて納得し、そこで留まったままではないでしょうか？

「でも、運命って、あるんじゃないですか？」
「カルマの法則、って言われるじゃないですか」

> Chapter 6　何を学び、何を選ぶか

　はたしてそうでしょうか？　私たちは、過去世体験をし、癒しと解放を通して、過去の影響から自由になり、自分の意志で未来を選ぶことができるようになります。ということは、運命は変えることができる、ということです。

　バシャールと本田健さんの対談『未来は、えらべる！』（VOICE）から引用します。

「運命」とは、生まれる前に選択したテーマ

まず、みなさんが一般的に考えている「運命」とは、私からすると、とても限定されたものの見方だと思います。
みなさんはこの地球に生まれると決めたときに、地上ではこんなテーマや考え方を探究してみようということも決めます。
そのとき選択したテーマが「運命」だと、私たちは考えます。

魂のレベルでは、自分は地上で「こんなテーマを探究しよう」と決めているので、「こういう種類の人生を歩かなくちゃ」とか、「こんな生き方をしないといけないな」と感じるのです。
その魂レベルで決めた道筋をたどっていくことが、私たちが「運命」だと考えるものです。

けれども、ごくごく例外的なケースを除いては、実際に自分がそのルートをどう歩いていくかは、個人の自由意思にまかされています。
したがって、自由意思と運命は、仲良く手をつないでいる関係。ひとつのコインの裏と表です。
片方が成立したら、もう片方が成立しないというものではありません。

非常にシンプルに置き換えると、運命とは「何を探究するか」で、自由意思

とは「それをどう探求するか」だと言うこともできるでしょう。
　　　　　　　（『未来は、えらべる！』VOICE　62〜63頁）

　大切なことは、過去世から何を学び、それを活かして今をどう生きるか、これからどう生きるか、どんな未来を選んでいくか、ということではないでしょうか。前向きに、未来志向で考えていきましょう。

未来からのフィードバック

　未来は未定です。未来探索をして何かが見えたとしても、それは今の段階で一番可能性の高い状況を見ています。いくつかの可能性を同時に見ることもあるかもしれません。

　また、「自分の未来」なので、「他人の未来」とは違います。たとえば50年後の未来を探索したとします。ある人は悲惨な未来を体験し、別の人はバラ色の未来を体験するかもしれません。その場合でも、どちらが正しくて、どちらかが間違っている、ということはありません。どちらも正しいのです。「パラレル・ワールド」（並行宇宙）という概念がありますが、人の数だけ、選択の数だけ未来はあるのです。

　さて、未来は選ぶことができます。未来を探索し、その結果を見て今の選択を変えれば、現実の未来は変わります。私たちが何を考え、何をするか、によって変わるのです。絶対に変えられないものは、ありません。

　たとえば、今のままの自分が〇年後にどうなっているのかをみて、これではダメだと思って、その後の人生を変えたとしたら、異なる未来を体験することになります。

　逆に、〇年後の自分を見て大いに満足し、安心しきって何の努力もしなければ、まったく違った未来になるのではないでしょうか。

　もし、5年後に職を失い、路頭に迷っている自分を見たとします。あきらめて何もしなければその未来は実現するかもしれません。しかし、一念発起して資格試験に挑戦し、見事合格して新しい職場に移る、という未来を具現化することができるかもしれません。

　逆に、5年後には大金持ちになって悠々自適の生活をしている未来を見たとします。その人は、何もしなくてもお金に不自由することはないと勘違い

して、日がな一日"小原庄助さん"をやってしまうかもしれません。すると、結果は目に見えています。

ワイス博士は、『未来世療法〜運命は変えられる〜』の中で、次のように述べています。

賢明な手法を用いれば、私たちは未来へ行くことができる。遠い未来も近い未来も、私たちを導くガイド役になれるのだ。未来は現在へと情報をフィードバックし、今の私たちがより良い選択や決心をするのを助けてくれるかもしれない。私たちは未来からのフィードバックに基づいて、現在自分が行っていることを変えられるのだ。そして、それがまた、私たちの未来をより肯定的な方向へと変えていく。
(『未来世療法〜運命は変えられる〜』PHP文庫　13頁)

では、人類の未来、地球の未来の場合はどうなのでしょうか。
超時空のエクササイズで、人類や地球の未来を探索することはできます。あるいは、10年後の東京とか、20年後のニューヨークなど、特定の地域の未来を探索することもできます。
天変地異によって滅亡に瀕している姿をみることがあるかもしれません。あるいは、緑豊かで平和な地球を見るかもしれません。
ポジティブな未来か、ネガティブな未来か。
そのとき、あなたは、どうするか。
他の人は、どうするか。Aさんは？　Bさんは？　Cさんは？

ワイス博士は、人類の未来や地球の未来は、「すべての人々の決断の"総和"にかかっている」と言っています(『未来世療法』PHP文庫　380頁)。ひとりでも多くの人が、ポジティブな未来を選択し、その未来を実現するために少しでも行動を始めたら、人類と地球はポジティブへと変わっていくので

す。

　バシャールは、14万4000人が変われば、1年後には30万人が変わり、さらに1年後には90万人が変わると予測しています（『バシャール×坂本政道』VOICE　156頁）。そのように幾何級数的に増加していくだろうと。

Chapter 7
超時空体験のエクササイズ

長いレクチャーが終わりました。いよいよ、エクササイズです。
　ここでは、「ヘミシンクによる過去世（別の人生）探究」と「未来の探索」を使ったエクササイズを、実際にやってみましょう。この二枚のCDは、マインド・フードというタイプのもので、音声ガイダンスによる誘導瞑想のエクササイズです。
　また、応用編として、ゲートウェイ・エクスペリエンスのウェーブV#6の「フォーカス15の探究」を使った方法もご紹介します。

　初めて聴く方は、CDを聴く前にこの章を読んで、これから何をやるのか、何に気をつければいいのか、しっかり理解しておいてください。何度か聴いたことのある方も、ぜひ目を通してください。誤解していた点があるかもしれません。また、なるほど！そうだったのか、という気づきがあるかもしれません。
　くり返し聴いてください。しばらく間をおいて取り組んでみてもいいでしょう。新鮮に感じて、新たな展開があるかもしれません。

　なお、ヘミシンクCDを聴くのがまったく初めての方は、事前に驚異のヘミシンク実践シリーズ０（ゼロ）-『これならわかる！ ヘミシンク入門の入門』をおすすめします。また、できれば同シリーズ１-『ヘミシンク入門』にも目を通しておいていただくといいと思います。

　それでは、始めましょう。

エクササイズを始める前に

　まず、エクササイズを行なう前の準備や注意事項、誘導瞑想のコツなどについて、簡単に説明します。詳しくは『これならわかる！　ヘミシンク入門の入門』（ハート出版）をご覧ください。

■一般的な注意事項

プレーヤー
- 通常のCDプレーヤーを使っていただいて結構です。ただし、ノイズを軽減するためのドルビーなどのサウンド効果はオフにしてください。
- iPodなどの携帯型音楽プレーヤーで聞く場合、CDから保存するときに、MP3というフォーマットを使い192kbps以上のビットレートに設定してください。

ヘッドフォン
- 今回のエクササイズでは、ステレオ・ヘッドフォンをお使いください。
- イヤフォンは長時間使用すると耳が痛くなる場合もありますので、なるべく耳を覆うことのできるタイプのヘッドフォンをご使用ください。
- 外部の騒音を低減する効果のあるノイズキャンセリング・ヘッドフォンを使用することは、まったく問題ありません。

ボリューム
- 少し小さめに設定します。音声ガイダンスの声が聞き取れる程度の音量にします。大きすぎるのは逆効果です。

■重要な注意事項

1）車の運転中や、重機の操作中、歩行中、ジョギング中、あるいはスポーツをしながら聴かないでください。注意が散漫になり、事故につながることがあります。
2）脳波に影響する装置との併用は避けてください。
3）ヘミシンクは、すでに長期にわたる実績により安全性と有効性が証明されていますが、発作、聴覚障害、精神障害の傾向がある方は、ご使用になる前に医師にご相談ください。
4）ヘミシンク製品はほとんどの場合、健康に有益ですが、医療診断や治療の代替になるものではありません。
5）発作、てんかん、聴力不調、精神不安の傾向がある方は、医者に相談されるまではヘミシンクを聞かないようにしてください。
6）気分が悪くなったり、頭痛、めまい、吐き気がするなど、身体的、精神的に不快感を覚えたら、直ちにご使用を中止してください。
7）聴いている途中で中断する場合は、意識が朦朧としていることがありますので、体をストレッチするなどして、意識をはっきりさせてから、動き出すようにしましょう。

■エクササイズの準備

食事など
　・エクササイズは、食後1時間以上の時間をおいて開始してください。アルコール、薬品、または多量のカフェインなどは避けてください。
　・水分はなるべく摂取してください。エネルギーの循環が促進されます。

服装など
　・リラックスできる、体を締め付けない、ゆったりとした服にします。

- 気になる方は、時計やめがねを外します。コンタクトレンズの方はエクササイズの間、気になるようでしたら事前に外しておいてください。
- 携帯電話はスイッチを切るか、サイレントモードにします。

姿勢
- できるだけ楽な姿勢をとります。ベッドやふとんに仰向けで横になります。ゆったりとした椅子やソファを利用してもいいでしょう。
- 慣れている方は、座禅や瞑想のポーズでもかまいません。

環境
- 静かにくつろげる室内で、暗くして聴いてください。明かりが気になる方は、アイマスクをしたり、タオルで目を覆ってください。
- 外からの騒音はできるだけ入らないようにします。
- 聴いている途中で熱くなったり寒くなったりすることがありますので、毛布を用意しておくなど、準備しておきます。途中で、毛布を掛けたり取ったりしてもかまいません。多少なら寝返りをしたり、からだを痒いたりしても OK です。

その他
- エクササイズはおよそ 30 分〜 40 分です。トイレを済ませてからお聴きください。

エクササイズを中断するとき
- CD を聴いている最中に、トイレが我慢できなくなったり、電話や来客で中断しなければならなくなったりしたときは、中断していただいてかまいませんが、寝起きのときのように意識がボーッとしていたり、足もとがふらふらしたりする場合がありますので、十分に注意してください。
- 軽く体を動かしてみる、深呼吸をする、背伸びをする、手足や後頭部を触ったり軽くたたいたり、水を飲むなどして、はっきりと目を覚ましてから起き上がるようにしましょう。

■誘導瞑想のコツ

　ヘミシンクのワークでは、「想像＝創造」と言われています。想像すること、イマジネーションを働かせることが、"非物質世界"での知覚のスイッチをオンにするのです。「想像力が、知覚能力になる」、あるいは「知覚するために想像する」とも言われます。

１）指示に従う
- 音声ガイダンスの指示にしたがって、呼吸に注意を向けたりリラックスしたりします。

「自分の呼吸に、注意を向けましょう。体内に出入りする空気を感じ取りましょう。」

「吸う息で、意識をはっきりとさせていってください。吐く息で体をリラックスさせてください。」

２）心に思い描く
- 音声ガイダンスに沿って、想像力を働かせましょう。心の中に思い描きます。

「穏やかな静寂が、あなたの周囲を取り巻きます。」
「自分が肉体から浮かび上がり、離れていくことを想像してください。」
「自分の足を見てください。あなたは、裸足（はだし）でしょうか。靴を履いているでしょうか。」

３）意図する
- 映像として見えなくてもかまいません。 つ̇も̇り̇になる、ふ̇り̇をするなど、意図することがポイントです。自ら想像することが呼び水となって、体験が進んでいきます。積極的に想像してみましょう。
- 足もとを見ると靴ではなく、ビーチサンダルだった。でも、「そんなバ

カな！」などと思わないで、「えーい。ハワイかどこか南国の島だということにしてみよう」ということで進めてみる。もし違っていたら、あとから修正すればいい。

4）気づき、受け入れる

- すべての感覚をオープンにして、よく観察し、気づいていくことが大切です。
- ふと見えたもの、聞こえた気がする、かすかに感じるもの、思い出したこと、感情の動き（嬉しい、楽しい、悲しい…）、直感、ひらめき、ふと思ったこと、わかったこと、身体感覚の変化（しびれ、振動…）など。
- 心をオープンにして、あるがまま、なるがままを受け入れましょう。
「なんだか涼しくなってきたような気がする。」
「ふと、ローマ、という地名を思い出しました。」

5）判断し、行動する

- 次は、変化、動き、起きたことについて、考えます。そして、次に自分は何をすべきかを判断します。
- 考え、判断したら、行動します。ボーっとしていてはいけません。こちらから関わっていくのです。意識を向けたり、語りかけたり、触ったり、嗅いだり、食べたりするなど、関わり方はいろいろです。判断したら即、行動に移します。行動といっても、イメージの世界での話です。行動するイメージをする。行動したつもりになる。ふりをする。
「大皿に盛り付けられた果物が出てきた。食べてみた。うまい！」
こちらからも、イメージの世界にどんどん関わっていくのです。

※積極的に想像すること、そして心を開いて受け止めること――「イメージのキャッチボール」が、誘導瞑想のコツです。

■エクササイズが終わったら

すぐに体験を記録する。
- ヘミシンクのエクササイズをすると、ほとんどの人は何らかの体験をしています。しかし、夢と同じように、終わるとほとんど覚えていないことが多いのです。起き上がるとどんどん忘れていきます。過去世体験や未来世体験の場合も同じです。
- そこで、「記録する」ということが大切になってきます。専用のノートを用意し、エクササイズが終わったらすぐに記録するのです。どんな些細なことでも、単語だけでも、絵心のある人はスケッチでも、とにかく書いて（描いて）おくのです。そうすれば、後から思い出すときのきっかけになります。
- 解釈や意味づけは無理に行なわず、自然と「わかる」時期が来るのを待ちます。
- ヘミシンクの体験記録は"ジグソーパズル"に喩えられます。ピースを一枚ずつ集めてきて一つの絵を完成させる。過去世体験の場合も、何度かエクササイズを繰り返すうちに少しずつ情報が集まってきて、いつの間にか大きな物語が完成することもあります。何ヶ月もかかる場合もあります。

グラウンディング（地に足を付ける）
- エクササイズが終わったら、しっかりとこちら側に戻ってくることが大切です。
- ヘミシンクのCDを聴いたあとは、自分では気づいていなくても、変性意識状態が続いていることがあります。寝起きのときのように意識がはっきりしていなかったり、足もとがふらふらしていたり、ボーっとした感じが残っていたりするのです。そのようなときは、急に立ち上がったりせず、はっきりと目が覚めたことを確認してから起き上

るようにしましょう。意識が肉体にあることをしっかりと確認してください。
・たとえば、深呼吸をする、伸びをする、手足や顔、首の後ろなどを軽く叩いてみる。あるいは、体を動かす、ストレッチをする、スポーツをする。水を飲む、食事をする、お風呂に入る、シャワーを浴びるなども有効です。裸足で歩く、地面に寝転ぶ、木に抱きつくなどもいいでしょう。
・さらに、体験したことをノートに整理したり、誰かと話したり、過去世に関連する歴史の本を読んでみたりすることで、新たな気づきが生まれることもあります。また、絵画や音楽などの創作活動をやりたくなることがあるかもしれません。このようなことは、ヘミシンクで体験したことを自分の中で消化し日常生活の中に定着させていくのに大変役立ちます。これも重要なグラウンディングです。

エクササイズ①
過去世（別の人生）の探究

【使用するCD】

ヘミシンクによる過去世（別の人生）探究
（Exploring Other Lives with Hemi-Sync®）

別の時間に生きる別の自分を発見することで、現在の自分の人生はクリアになり、ものごとの本質を見抜く力が得られます。それにより、障害を取り除き、知らなかった才能を見出し、新しい見方を育み、幸福感が得られるのです。
長年にわたり前世退行のセッションとタイムライン・セラピーを行なってきたリー・ストーンが、生まれ変わりの記憶を呼び起こす旅にあなたをお連れします。ヘミシンクによって時間と空間を超越し、リラックスして静寂の境地に至ります。そして意識を拡張し自分の人生の目的に対する洞察を得ます。（音声ガイダンスあり、45分）

■目的

　このエクササイズでは、「ヘミシンクによる過去世（別の人生）探究」を使って、あなたの過去世を探究していきます。
「過去世」と言っていますが、「未来世」に行くことがあるかもしれません。あるいは、「別の世界」「別の惑星」での人生を体験することがあるかもしれません。
「別の人生の別の自分」を体験します。それによって、今を生きていくうえでの制約や障害となっているものを解放したり、新しい自分に気づいたり、生きる目的や勇気、生きがい、幸福を発見することになるでしょう。

■体験の方法

　マインド・フードのCDは、ヘミシンクが初めての方でも聴けるような構成になっているため、フォーカス・レベルという言葉は使っていません。「穏やかな心（Calm mind）」になりましょうと案内されます。そのために、呼吸に意識を向けながらリラックスしていきます。

　ここでは、「今の肉体から抜け出し、別の体に降りる」という方法で、時空を超えるエクササイズを行ないます。
　今の自分が肉体から浮かび上がり、離れていきます。さらに上空へ浮かび上がり、現実の時間からも離れます。そして、下に向かって降りていきます。別の人生の別の自分に降りていきます。
　同じ人生の中で、三つの場面を体験します。最初の場面を体験したあと、その人生で起こる「重要な出来事」の場面を体験し、最後に「亡くなるとき」の様子を安全な場所から体験します。

■エクササイズの流れ

1）呼吸に意識を向け、リラックスしながら、ゆっくりと、穏やかな状態に向かいます。
2）ガイドに手助けを求めます。
　ネガティブなものや、自分の可能性を狭めるような影響から守ってもらいます。
　私たちには安心感があります。感謝しましょう。
3）肉体から浮かび上がり、離れていきます。
　自分を解放します。離れていくことを想像します。
　さらに上空へ浮かび上がり、時間を超えていきます。
　時間を超越した安らぎを感じたあと、下に降りていきます。
　別の人生の別の自分に降りていきます。
4）その時の自分を観察します。
　まず、足を見ます。次に服装。男性か女性か。屋内か屋外か。
　周りの音を聞きます。暖かいか、涼しいか。周りに誰かいるか。
　何が起きるのか、じっくりと観察します。
5）次に、同じ人生の中で、少しだけ浮かび上がり、意味のある重要な出来事の場面に進みます。
　重要な出来事に身を置き、経験し、記憶にとどめます。
6）最後に、少しだけ浮かび上がり、時間を前に進み、その人生での死の時を訪れます。
　安全なところから見下ろし、そのときの出来事を見守ります。
7）ガイドに質問し、答えと知恵を受け取ります。
8）ガイドに感謝し、元の時間、現実の肉体に戻ります。

■ポイント

・ナレーションでは、「ガイド」ではなく「知恵の豊かな導き手」と言われます。
・場面が変わるときには、「3、2、1」と合図されます。
・重要な出来事・経験とは何か、なぜ重要なのかを知覚し、記憶にとどめます。
・死ぬときの様子を、安全なところから観察します。
「屋内か屋外か、周りに誰がいるか、死因は何か、死の様子は」。
・最後に、ガイドに尋ねます（ナレーションがあります）。
「このときの自分の名前は何か？」
「死んだ時にいた場所はどこか？」
「死んだのはいつか？」
「この人生で学んだ大切な教訓は何か？」
「その教訓は、今の人生にどのように影響しているか？」

■開始

　CDの長さは約45分です。時間は確保できていますか？　静かで落ち着ける環境ですか？
　トイレを済ませてから、準備してください。
　横になったり、ソファに座ったりして、リラックスできるようにしてください。
　ではCDをセットし、スイッチを入れて、スタートです。
　行ってらっしゃい。

■エクササイズ

ヘミシンクによる過去世（別の人生）探究　（45:20）
（Exploring Other Lives with Hemi-Sync®）

■終了

お帰りなさい。
手足を伸ばして、深呼吸をして、意識をしっかりと肉体に戻してください。
今の体験を忘れないうちに、記録しておきましょう。

【リー・ストーン（Lee Stone）について】
リー・ストーンは、神経言語プログラミング心理療法（NLP）の国家資格を持ち、国際カウンセラー・セラピスト協会（IACT）の催眠療法士に認定されています。その他、ページ・マルチディメンショナル・セルラー・ヒーリングやリバーシング／ホロトロピック・ブレスワークにも認定され、レイキの指導も行なっています。
リー・ストーンは、30年以上にわたって物質を超えた領域の研究を続けており、モンロー研究所のレジデンシャル・ファシリテーターも勤めています。各国のセミナーやワークショップでの指導に加え、ノースカロライナ州ヒルズバローで、臨床カウンセリングも行なっています。専門は、前世退行、深層記憶を探って行なうタイムライン・セラピー、トラウマ統合などです。
リー・ストーンの作品には、「ヘミシンクによる過去世（別の人生）探究」、「内なるガイドにつながる」、「未来の探索」があります。

エクササイズ②
未来の探索

【使用するCD】

未来の探索
(Exploring Our Future)

未来の世界を訪れ、地理的、社会的、経済的、技術的に、どのような変化が起きているかを探りましょう。リー・ストーンの音声ガイダンスとヘミシンクの信号が、あなたを高められた意識の状態へと誘います。自分で選んだ年の世界を探索します。さらに特定の地域へと注意を向けて、そこで起きている変化を見ていきます。
（音声ガイダンスあり、58分）

■目的

　このエクササイズは、「未来の探索」を使って未来を訪れ、世界の変化を探ります。
　今現在の時間から、「5年～50年後」の未来の時間へと移動し、世界が地理的、社会的、経済的、技術的にどう変わっているかを体験します。
　エクササイズを始めるまえに、何年先の未来に移動するか、決めましょう。そして、意図してください。たとえば、「10年後の未来を探索することを望みます」など。

　今をどう生きるかで、未来は変わります。未来は選べます。未来探索を行なうことで、「今、私たちは何をすべきか」を考えてみましょう。

■体験の方法

　マインド・フードのCDは、ヘミシンクが初めての方でも聴けるような構成になっているため、フォーカス・レベルという言葉は使っていません。「無時間の安らぎと静けさ（Timeless peace and stillness）」に案内されます。そのために、呼吸に意識を向けながらリラックスしていきます。

　ここでは、「今の肉体から抜け出し、未来を見に行く」というエクササイズを行ないます。
　解き放ち、浮かび上がり、地球からも、時間からも離れていきます。無限の広がりを感じたあと、ふたたび地球に降りていきます。そして、宇宙空間から、あなたが選んだ未来の地球を探索します。
　南北アメリカ大陸の東海岸から始まって、西へ西へと、全世界をくまなく探索していきます。

■エクササイズの流れ

1）今から5年～50年の間のいつの未来に移動するか、意図を明確にします。
2）ガイドに手助けを求めます。私たちは守られています。
3）呼吸に意識を向け、ゆっくりとリラックスしていきます。
4）体が軽やかになり、浮かんでいきます。
　天井をすり抜けてさらに高く浮かんでいきます。
　さらに高く、さらに高く、地球からも時間からも離れていきます。
　無限の広がりを感じます。無時間の安らぎと静けさの中にいます。
5）地球を離れ、時間を超越した状態から、ふたたび降りていきます。
　宇宙空間から、あなたが選んだ未来の地球を見てみます。
6）世界の状況を探索します。
　赤道の上空に浮かび、南北アメリカ大陸の東海岸が見えるような位置です。西へ向かって移動します。
　次に、南北アメリカ大陸の西海岸。
　太平洋の島々。
　日本と東アジア。
　ロシアと中国、マレーシア。
　インド、中東。
　アフリカ、ヨーロッパ。
　そして、大西洋を飛んで、南北アメリカ大陸の東海岸に戻ります。
7）この時代の気象状況、経済や科学技術などについて質問し、答えを受け取ります。
8）元の時間に戻り、今の肉体に戻ります。戻る直前に自問します。

■ポイント

・ナレーションでは、「ガイド」ではなく「内なる導き手」「インナー・ガイド」と言われます。

・世界の各地を探索するとき、次のようなナレーションがあります。
「海岸線に注意を向け、その形が、あなたの元いた時代から変化していないかどうか、見てみてください。」
「何か大きな変化が起こったことを示す印（しるし）はないでしょうか。印は点滅する光かもしれません。エネルギーの脈動かもしれません。その印に注目して、それがどんな変化を表しているかを受け止めてください。」
・地球を一周したあと、次のように質問します。
「あなたが探索している年までに、世界経済や金融制度に大きな変化は起こっているでしょうか？」
「気象パターンに変化はありますか？」
「その時代のほとんどの人が使っているエネルギー源は何でしょうか？その時代に一般利用されている新発明や新技術は何でしょうか？」
・元の時間の今の肉体に戻ったあと、体を動かす前に自問します。
「現在の、あなたの時代に起きる大きな変化とは何でしょうか？」

・なお、エクササイズでは、今から5年～50年の間の未来を探索するように案内されますが、5年以内の未来に行くことがあるかもしれません。あるいは、50年よりもさらに未来を体験することがあるかもしれません。その場合には、流れに任せましょう。
・最後に、次のように案内されます。
「このエクササイズを繰り返し行なって、ぜひ、探索を続けてください。そして、未来についてのさらなる発見を続けてください。」

Chapter 7　超時空体験のエクササイズ

■開始

　CD の長さは約 58 分です。時間は確保できていますか？　静かで落ち着ける環境ですか？
　トイレを済ませてから、準備してください。
　横になったり、ソファに座ったりして、リラックスできるようにしてください。
　では CD をセットし、スイッチを入れて、スタートです。
　行ってらっしゃい。

■エクササイズ

　未来の探索　（58:00）
　（Exploring Our Future）

■終了

　お帰りなさい。
　手足を伸ばして、深呼吸をして、意識をしっかりと肉体に戻してください。
　今の体験を忘れないうちに、記録しておきましょう。

応用編
フォーカス 15 の自由探索

【使用する CD】

ゲートウェイ・エクスペリエンス
(Gateway Experience)

ウェーブ V　エクスプロアリング（探索）Focus 15 への旅
(Wave V – Exploring　A Journey in Focus TM 15)

#6 フォーカス 15 の探究
(Exploring Focus 15)

　ゲートウェイ・エクスペリエンスは、ヘミシンクに本格的に取り組もうとする人のために開発された、家庭学習用プログラムです。モンロー研究所で開催されるゲートウェイ・ヴォエッジという一週間の滞在型プログラムから生まれました。ウェーブ（Wave）と呼ばれる 6 巻セットのシリーズで、Wave I から Wave VI まで通して学習すれば、ゲートウェイ・ヴォエッジで到達するフォーカス 21 までを体験することができるようになっています。1 巻に CD が 3 枚で、6 つのエクササイズが収録されています。6 巻セットで CD18 枚、36 のエクササイズは収録されています。

ウェーブⅤ — エクスプロアリング（探索）の最初の３つはフォーカス12のエクササイズで、後半の３つがフォーカス15のエクササイズです。超時空体験では、主に＃６の「フォーカス15の探究」を使用します。

ゲートウェイ・エクスペリエンスのエクササイズは、一つ前で学んだ道具や技術をもとに順に進んでいきますので、ウェーブの番号順に学んでいく必要があります。ここでご紹介する方法は、少なくとも**ウェーブⅠ〜Ⅱ**を学んだ方を対象にしています。ご了承ください。

■目的

このCDでは、フォーカス15をさらに深く探索するための、「フリーフロー」のエクササイズを行ないます。

フリーフローとは、直訳すると「自由な流れ」ですが、ヘミシンクでは「自由探索」「自由遊泳」という意味で使われています。あらかじめ決められた目的やガイダンスに従うのではなく、自分で目的や課題を決めて、自由に行動します。ナレーションはほとんどありません。自分で自分をガイドし導いていきます。

ここでは、「無時間の状態」であるフォーカス15の特徴を生かして、時空を超えて過去・未来を自由に探索します。自分の目的を明確に持ち、アファメーションを行ない、ガイドの理解と協力を望みます。
※フォーカス15の説明については、第３章の「フォーカス15とは」をご覧ください。

■準備のプロセス

　ゲートウェイ・エクスペリエンスでは、エクササイズの最初に、メンタルツールを使った「準備のプロセス」を行ないます。
　まず、波の音を聴きながら、心と体をリラックスさせていきます。それに続いて、次の4つの準備を行ないます。

1）**エネルギー変換箱**
　心の中に「箱」を思い描き、エクササイズに集中するのを妨げるような心配事や雑念、気になることなどをすべて入れます。

2）**レゾナント・チューニング**
　呼吸と声を使ったエクササイズを行ない、生命エネルギーの流れを増大させ、バランスを取ります。(「共鳴の調律」)

3）**レゾナント・エナジー・バルーン（リーボール）**
　生命エネルギーを使って、自分の内部と周りに高いエネルギー状態を作ります。(「共鳴エネルギーバルーン」)

4）**ゲートウェイ・アファメーション**
　エクササイズを行なうことの意図を明確にし、心の中で唱えます。
　次の5つのポイントを押さえていれば、自分の言葉に置き換えてもかまいません。
　①私は肉体を超える存在です。
　②物質界を超える非物質界とそのエネルギーを体験し、知ることを心から願います。
　③奉仕します（役に立ちたい）。／貢献します（尽します）。
　④知的存在たちの手助けと導き、守護をお願いします。
　⑤感謝：ありがとう。

■フリーフローを使った超時空体験の方法

詳しくは第3章をご覧ください。ここでは簡単に触れるにとどめます。

《超時空探索の基本ステップ》
1）ヘミシンクの誘導で、フォーカス15（無時間の状態）に移行します。
2）自分にとって必要な過去世・未来世を体験できるようアファメーションし、ガイドやハイヤーセルフに協力を願います。
3）さまざまなメンタルツールを使って移動し、探索します。
4）ガイドやハイヤーセルフと交信し、手助けに感謝し、戻ってきます。

《アファメーションとガイドの協力》

意図を明確にします。「今の私にとって必要な過去世・未来世を知りたい」、あるいは「今の自分が成長するために、一番大切な過去世を知りたい」など。基本的には、どこに行って何を体験するのかはガイドに任せます。

すでに体験した過去世の続きをさらに探索したいときや、どうしても探索したい時代や場所があるときは、その意図をアファメーションします。

あるいは第4章の「チェックリスト」や「キーワード」からテーマを選んだり、現状の問題をテーマにしてもいいでしょう。「母親（父親）との関係について学ぶための過去世を体験したい」とか、「自分の適職は何か、そのヒントになるような過去世や未来世を体験したい」といったこともあると思います。

しかし、それらの場合でも、思い通りになるとは限りません。結果はガイドにゆだねます。超時空探索は、ガイドとの共同作業で進めます。

《時空を超えるためのメンタルツール》

さまざまなメンタルツールを使って、時空を超えていきます。ナレーションはありませんので、自分で自由に、積極的に想像します。

- ドア（別の時代への入り口）
- エスカレーターや階段、エレベーター
- タイムトンネル、道路、通路、線路
- タイムマシン（これに乗って移動します）、乗り物、電車
- 映画館、図書館、博物館、テレビ、DVD、パソコン、本、古文書
- 肉体から体が浮き上がり、別の時代の別の人生に降りていく…

《学びと気づき》
　エクササイズが終わり、目覚めた状態に戻ってくる前に、ガイドやハイヤーセルフとの交信を行ないます。問いを投げかけ、答えを待ちます。
- どこでの人生だったか。それはいつ頃か。
- この人生で学んだことは何だったか。
- このときの体験で、今の自分によい影響をもたらしているものは何か。
- この人生で体験した感情や信念で、今の自分を制限しているものはあるか。
- どうしたらそれを解放することができるか。
　そのために今できることは何か。

■エクササイズの流れ

1) **準備のプロセスのあと、フォーカス12を経てフォーカス15へ行きます。**
　・準備のプロセスを行なったあと、フォーカス12へ移り、カウントアップでフォーカス15へ移行します。
2) **フォーカス15で、自由に探索します。**
　・「声をお掛けするまで続けてください。その時、あなたはご自分の体験を詳細に記憶にとどめます。」とアナウンスされます。

- アファメーションを行ない、ガイドの協力を望みます。
- 時空を超えるためのメンタルツールを使い、移動します。
- フリーフロー、自由探索を開始します。

3) **フォーカス 15 からフォーカス 12 に戻ります。**
- 「それでは、フォーカス 15 からフォーカス 12 に戻ります。」とアナウンスがあります。探索を終えます。
- 戻りながら、ガイドと交信し、ここで学んだことを確認します。

4) **徐々に目覚めた状態へ戻ります。**
- フォーカス 12 からフォーカス 10 へ戻り、体験したことに感謝しながら、心身ともに完全に目覚めた状態へと戻ります。

■ポイント

- 自分で意図しない時代、場所に導かれることがあります。未来に行こうと思ったのに、過去に引き戻されることがあるかもしれません。江戸時代の過去世の続きを見たいと思ったのに、ヨーロッパ中世に導かれるかもしれません。意図したあとは流れに任せます。
- 視覚だけにこだわらないようにしましょう。感じる、わかる、聴こえる、匂う……さまざまな感覚をつかって、把握するようにしましょう。

■開始

　CD の長さは約 39 分です。時間は確保できていますか？　静かで落ち着ける環境ですか？

　トイレを済ませてから、準備してください。

　横になったり、ソファに座ったりして、リラックスできるようにしてくだ

さい。
ではCDをセットし、スイッチを入れて、スタートです。
行ってらっしゃい。

■エクササイズ

フォーカス15の探究　（38:50）
（Exploring Focus 15）

■終了

お帰りなさい。
手足を伸ばして、深呼吸をして、意識をしっかりと肉体に戻してください。
今の体験を忘れないうちに、記録しておきましょう。

Chapter 8
Q&A

最後の章になりました。

アクアヴィジョン・アカデミーでは、2005年秋から「時空を超える旅コース」ということで、過去世探索・未来世探索のセミナーを行なってきました。

2010年にリー・ストーンの「ヘミシンクによる過去世（別の人生）探究」がリリースされたことを機に、2011年からは「フォーカス15超時空コース」と名前を変え、内容も大幅にバージョンアップしてご提供してきました。

おかげさまで、多くの方々にご参加いただき、ご好評をいただいています。

ここでは、セミナーに参加された方々から寄せられたさまざまな質問や体験談を、Q&Aという形で整理し、疑問にお答えしていきたいと思います。

■何も見えてこないのですが…。

Q　自分から想像しないと何も見えてきません。自然に見えてくる、ということはまったくありません。ですから、"呼び水"ばかりやっています。自分の勝手な空想で都合のいい過去世をでっち上げているのではないかという不安があります。

A　想像力、イマジネーションを使っていることは悪いことではありません。誘導瞑想のコツは、自分で想像することなのです。むしろ、自分から積極的にイマジネーションを使いこなしていただきたいのです。

　過去世を体験している最中にも、これは自分勝手な空想ではないかと疑うことがあるかもしれません。しかし、そこで中断しないでほしいのです。とにかく思い浮かんだことをそのまま受け入れてください。そして、どんどんイマジネーションで作り出してください。
　否定したら終わりです。そのまま続けてください。流れに任せれば、誰でも、もはや勝手な想像とは思えないようなところに達します。手ごたえを感じるようになります。ですから、ブレーキを緩めて、想像力に自由を与えてください。

　それと、ヘミシンクを聴きながら行なう誘導瞑想は、他の方法とは違います。時空を超えた意識状態に誘導されているのです。その状態で「想像する」ことは、「思い出す」ことなのです。(同時にそれは「創造する」ことでもあります)。ヘミシンクを信頼してください。

　「見える」ということだけに、こだわらないでください。感じるとか、わかるとか、そんな気がするなど、感覚や直感で受け止めるようにします。体が暖かくなるとか、痛くなる、触られたような気がする、あるいは声が聞こえ

る、匂いがする、といったこともあります。

　自分から"呼び水"をしたあとは、よく「観察」してください。そして、変化を感じ、変化に「気づく」のです。気づいたあとは、自分は次にどうすればいいのか考えて、また自分からイメージするのです。イメージのキャッチボールが、誘導瞑想のコツです。

■意図したとおりに進みません。

Q　今の私に必要な過去世を体験させてください、と意図してエクササイズを始めたのですが、何も起こりません。全然関係ないことばかり浮かんでいきます。両親のこととか、兄弟のこととか…。家族は生きています。亡くなってはいません。どうしたらいいのでしょうか？

A　「何も起こりません」と言っていますが、「全然関係ないことが浮かんでくる」とも言っていますね。ということは、「何かが起きている」わけです。ただ、自分の意図とは違うから「これは違う」と思っている。

　ひょっとしたら、両親のことや兄弟に関連することが、何らかの過去世探索のヒントになっているのかもしれません。家族関係の問題と、正面から向かい合ってみてはいかがでしょうか。

　あるいは、両親や兄弟の姿をしたガイドが、どこかに案内してくれるかもしれません。声をかけてみてはいかがでしょうか。何か新しい展開が始まるかもしれません。
　誘導瞑想で最も大切なことは、イメージの世界に自分から積極的にかかわっていくことです。

■ナレーションどおりに進まないのですが…。

Q 「呼吸に意識を向けましょう」と言われている間に、過去世らしきものを見始めました。「失敗した」と思って、呼吸に意識を戻そうとしました。でも、とても気になります。未来探索で、ナレーションは中近東、と言っているのに、まだアメリカ大陸の西海岸あたりをうろうろしていました。焦ってしまって、集中できなくなりました。どうしたらいいでしょうか？

A ナレーション通りに進まなくても、「失敗した」と思わないでください。失敗することはありません、すべて意味があって起こっていることです。
　ナレーションは一つの目安にすぎません。きっかけです。自分で体験していることのほうを優先してください。そして、一通り体験して納得したら、またナレーションの指示のほうに戻ってください。それで結構です。

■勝手な妄想ではないかという気がします。

Q まるで映画を観ているように、リアルでものすごい体験をしました。大航海時代で、大西洋を横断する船の航海長をしていました。とても信じられません。本当のことなのでしょうか。勝手な妄想ではないでしょうか。

A 言葉の定義の問題ですが、「妄想」というのは、我を忘れて思いの中に囚われている状態のことです。「空想」は、最初から最後までずっと自分で思い描くものです。したがって、あなたのお話は、妄想でも空想でもありません。「想像」です。
　とても自分では思いつかないようなことが出てきたので戸惑っていらっしゃると思いますが、明らかに過去のことを「思い出して」いるのです。

■恐ろしい体験をしそうな気がしたのです。

Q 「足もとを見てください」というナレーションにしたがって下を向くと、私は裸足でした。足の裏にヌルっとした感触がありました。泥の上に立っているような気がしました。すると、急にドキドキしてきて、恐ろしくなりました。あわてて焦って、どうしたらいいのかわからなくなりました。
「そうだ！」と思い出して、ガイドさんにお願いしました。「別のところに連れて行ってください」と。でも、まったく場面が変わりません。結局、ヘッドフォンを外して、エクササイズを中断してしまいました。

A 大変でしたね。ゆっくり深呼吸をして、落ち着いてください。
　何か、思い出したくないような、抑圧されたものが表面化しようとしているのではないかと思います。時間をおいて、改めて試みてください。その間に、他のエクササイズを行なってもいいでしょう。ウェーブⅠの#4「リリースとリチャージ」や、「ヘミシンクによる心と体の若返り」の#4「浄化し調和しましょう」、「ヘミシンクによる創造性開発」の#6「チャンネルの浄化」などがおすすめです。

　過去のことを思い出すだけですから、今のあなたが恐れることではありません。ただそのときの記憶を解放し、自由になるというだけのことです。
　過去のことですから、恐れる必要はありません。過去のあなたを、解放し、自由にしてあげてください。解放の方法は、第5章を参照してください。
　あなたと、あなたの過去世は、ガイドとともにいます。ひとりではありません。ガイドに手伝ってくださいと、お願いしてください。

■過去世から戻ってこられなかった人はいますか？

Q　過去に行ったまま、戻ってこられなかった人はいませんか？　タイムトラベル映画の見すぎでしょうか…。居心地がよくて、過去に居ついちゃうとか…。ちょっと心配になりました。

A　はい。戻ってこられなかった人はいません。ご安心ください（笑）。
　あなたは、今ここに生きています。過去や未来を探索し見ることはできますが、あなた自身が過去に戻ることや、未来に行くことはできません。

■過去や未来ではなく、今の時代のようです。

Q　足もとを見ると、赤いハイヒールを履いていました。服は……今流行のものです。周囲を見回すと、ビルが立ち並んでいて、まるで現代のようです。どういうことでしょうか？

A　ひょっとしたら、今現在に生きている、もう一人の自分かもしれません。トータルセルフの一員が、同時代に二人いる可能性はあるようです。ロバート・モンローも、もう一人の自分がロシア人女性として生きている、と言っていました。

　あるいは、もう一つの可能性として、並行宇宙（パラレル・ワールド）かもしれません。
　並行宇宙、並行世界。同時に存在しているいくつもの世界です。トータルセルフの一員として、そちらの世界にも別の自分が生きています。わたしたちの一側面です。私たちは、お互いに、それぞれ影響を与え合いながら生きているのです。

パラレル・ワールドについて詳しくお知りになりたい場合は、『バシャール×坂本政道』などをご覧ください。

■悲惨な過去世ばかり見せられます。

Q　今の私には、不幸なことばかりが続いています。過去世を見ても、奴隷だったり、奉公人だったり、女中だったり、下男だったり……そんなのばかりです。私はそういう宿命なのでしょうか？　人生を変える方法は、あるのでしょうか？

A　私たちは、地球生命系で、二元性のすべてを経験しようとしています。依存する／される、支配する／される、奪う／奪われる、与える／与えられる、憎む／憎まれる、愛する／愛される、無視する／無視される…。
　ですから、あなたも決して悲惨な人生だけを送ってきたわけではありません。ただ、今の段階では、まだ思い出していないだけなのです。
　思い出した過去世を、焦らず、一つひとつ丁寧に、癒しと解放を行なっていきましょう。

　幸・不幸の価値判断は、人によって異なります。同じ出来事があったとしても、人によってとらえ方が違います。ある人は幸せだと思い、ある人は不幸だと思ってしまう。その違いは、同じ出来事の捉え方です。考え方、価値観です。考え方を変えれば、不幸なものも幸福に思えてくることがあります。
　過去世体験のエクササイズを行ないながら、今一度、ご自身の価値観をとらえ直してみてください。決して無駄にはならないと思います。

■なぜそんな人生を歩んだのか聞いてみたいのですが…。

Q 人里を離れて、ひとりで生きていました。狩りをしたり、木の実を食べたりしていました。いつの時代かはよくわかりませんが、原始時代ではありません。アメリカ大陸のどこかのようです。そんな気がしました。何をしているのでしょうか…。聞いてみたいものです。

A 聞いてみたいと思ったら、聞いてみてください。本人に聞いてみてもいいですし、ガイドに尋ねてみてください。ああかな、こうかな、と自問自答してみてもいいです。そのうち、直感的にわかるかもしれません。

　大切なことは、自分で判断し、自分から行動を起こすことです。聞きたいときには聞く。聞きたくないときには聞かない。自分で判断します。

■次から次へと映像が見えてくるのですが…。

Q 「ヘミシンクによる過去世（別の人生）探究」のCDは、一回のエクササイズでひとつの人生を見るような設定になっていますが、次から次へとたくさんの過去世や未来世のようなものが、フラッシュのようにどんどん現れては消えていきます。いろんな時代のいろんな服を着た、いろんな顔の人が入れ代わり立ち代わり現れてきます。参ってしまいました。

A すばらしいですね。でも、困りましたね。
　ある意味、過去世や未来世を見る能力があなたにもあるということがわかります。それはいいことです。しかし、次から次へと場面が変わると、じっくり味わうことができません。

原因は二つ考えられます。ひとつは「リセット中」である場合、もうひとつは「逃げている」場合です。

　ヘミシンクだけでなく、瞑想や呼吸法、自律訓練法など、心の内面に入っていくようなワークをやり始めると、乱れていた無意識の記憶が整理され始めます。
　ヘミシンクの場合だと、たとえば一週間の宿泊プログラムの場合、最初の２～３日は、やたら眠かったり、とりとめのない映像がバラバラと見えてきたりします。トレーナーに質問すると、「リセット・デイですね」と言われます。たしかに、リセットの期間が終わると、集中できるし、直感力も高まって、体験が進むようになってきます。過去世体験の場合も同様です。

　もうひとつ、「逃避」ですが、たとえば、ある過去世を体験しようとしているときに、その人生の中で、どうしても見たくないような嫌な記憶があった場合、それを追体験するのを恐れて、無意識のうちに、別の人生へと飛んでしまうのです。
　飛ぶ前に、何か重要な出来事があったかもしれないのに、それを見ないで別の人生に意識を移動し、逃げてしまうのです。無意識でやっているので、本人には原因がわかりません。
　この場合には、焦らず、じっくり落ち着いて、ひとつの人生に取り組むように努力してください。しばらく時間をおいてから試してみてもいいでしょう。回数を重ねていけば、自然とほぐれてくることもあります。
　大切なことは、過去世を体験し、解放し自由になる、という意図を持ち続けることです。焦らず、諦めず、続けていけば、必ず解決の道が見えるはずです。

■ガイドがいるのかいないのかわかりません。

Q ガイドや内なる導き手に聞いてみましょうと言われても、ほんとうにいるのかどうか、いまだに実感が持てないのです。いるかいないかわからないのに質問してもいいのでしょうか。誰もいないところで声をかけても、返事があるわけないですよね。

A ガイドはいます。ガイドのいない人はいません。ただ、認識できていないだけなのです。
「信じる」必要はありません。ガイドはいると「仮定」して、エクササイズを進めてください。ガイドはいるという・つ・も・りになって、ガイドと話す・ふ・りをしてみましょう。そして感謝します。ありがとう、と。そのうち、必ずリアクションがあります。必ず、あります。

　信じる必要はありません。体験すればわかります。
「ガイドの存在が認識できたら質問します」と思っていると、いつまでたっても質問できないかもしれません。いるという前提で、いると仮定して、エクササイズを進めていきましょう。

■私の過去世を見てもらうことはできませんか？

Q 霊能者やチャネラー、あるいは占いの人に、自分の過去世や将来のことを見てもらうのは、自分で過去世体験をするのと同じように価値があるのでしょうか？　ヘミシンクのトレーナーの人に、それをお願いすることはできないでしょうか？

A　霊能者やチャネラー、占いの人などから得た情報は興味深く、ときには役に立つものですが、それは単なる情報であって、あなたの体験ではありません。それがどんなに貴重な情報でも、実感を持つことはできません。

　人から聞くよりも、自分で体験するほうが、豊かで、深く、心に響きます。泣き、悲しみ、喜び、感動し、感謝し…といった体験を通して、私たちは癒され、変わることができます。

　モンロー研究所およびアクアヴィジョン・アカデミーのトレーナーは、他人の過去世や未来を見てあげる、ということは、やっていません。むしろ、禁止されています。なぜなら、ヘミシンクは自分で体験する道具だからです。どうすれば自分で体験できるかをお伝えするのが、私たちの役割です。

■何回くらい輪廻しているんですか？

Q　人間は、何回くらい輪廻しているのでしょうか。動物や植物としての経験もあるのでしょうか？

A　回数は、人によって異なるようです。また、一般的には、動物や植物だけでなく、鉱物などの無機物から、微生物まで含めてたくさんの輪廻を繰り返すようです。

　坂本さんの場合は、初めは岩石や溶岩などからしだいに高等な生物に進化し、途中で別の惑星へ行ってまた地球に戻り、鳥や犬などを経験したあと人間へと進化し、人間を数百回以上生きている、と言っています。約60億年前に、大きなエネルギーから分裂し、小さな渦として誕生したそうです。地球の歴史は46億年ですから、それよりも前です。

　ロバート・モンローの場合は、本の記述を見る限り、動物体験などを経ずに、小さな渦からいきなり人間になったようです。

私も自分で体験していないので、「…だそうです」としか言えません。ぜひご自身で体験してください。

■輪廻に終わりはあるんですか？

Q　輪廻は、いつ終わるんでしょうか？　終わりはあるのでしょうか？

A　私たちは、地球生命系での学びを終えると、トータルセルフに「帰還」するという道を選択することができます。なぜ「帰還」というのか——それは、もともと私たちはそこから分かれてきたものだからです。
　トータルセルフに「帰還」することは、地球生命系から「卒業」することを意味しています。

　詳しくは、ロバート・モンローの『究極の旅』、ブルース・モーエンの『死後探索4』、坂本さんの『死の「壁」を超えるスーパー・ラブ　増補改訂』をご覧ください。
　また、アクアヴィジョン・アカデミーの「トータルセルフ体験コース」では、トータルセルフへアクセスするとともに、地球生命系に縛り付けられている因子（輪廻の原因）を手放し、スーパーラブ（無条件の愛）を取り込み、トータルセルフへと帰還していく、卒業のプロセスを体験します。2日間のコースです。
　もちろん、2日間で卒業できるわけではなく、プチ体験してみよう、というものです。

あとがき

　本書のタイトルは、当初の予定では、「超時空体験マニュアル」ではなく、「過去世体験マニュアル」になるはずでした。
　本書では、過去世体験についての説明が多いのですが、未来世体験についても述べています。また、本書でご紹介しているヘミシンクCD「未来の探索」は、文字通り未来を探索するものです。
　そこで、本書のタイトルは、アクアヴィジョン・アカデミーの「フォーカス15超時空コース」から「超時空」の3文字を拝借して、「超時空体験マニュアル」とすることになりました。
　超時空体験——時間と空間を超えて、過去や未来を探索・体験する。カッコいいです。

　ところが、本書を執筆しながら、ふと、インターネットで「超時空」と検索してみました。すると——出るわ出るわ、「超時空要塞マクロス」「超時空世紀オーガス」「超時空騎団サザンクロス」…。
　確かにそうでした。「宇宙戦艦ヤマト」「機動戦士ガンダム」に続いて1980年代前半に流行ったロボットアニメでした。
「どうしましょうか。問題ないですかね？」と、坂本さんに相談したところ、「まさか間違って買っちゃう人はいないでしょう。いいんじゃないの？」
　ということで、「超時空体験マニュアル」に落ち着きました。
　マクロスファンのみなさん。間違わないでくださいね。(汗)。(・。・;

　さて、アクアヴィジョンの「フォーカス15超時空コース」は、坂本さんと私と、同じトレーナー仲間の大野光弘さん（ミツさん）の3人で開発しました。ミツさんはヒプノセラピストの資格を持っているので、主にナレーション原稿の作成を担当しました。

このコースは日帰りコースで、一日に４回の過去世・未来世体験を行ないます。シアター・ルーム、天空の神殿、ホイール・ホールなど、さまざまなメンタルツールを使って時空を超えていきます。４つのエクササイズのうち、２つのナレーション原稿をミツさんが担当しました。

　ナレーションの声は、大阪のトレーナー小島由香里（ゆかり）さんです。以前ゆかりさんの前で、彼女のことを「美しい声の女性」と言ったところ、「キッ！」と睨まれてしまいました。
「え？　俺、何かまずいこと言ったかな？」とドキドキしました。
　しばらくして、気がつきました。言葉の順番を間違えたのです。
　言い直しました。
「美しい女性の声」──ゆかりさんは、にっこり、笑いました。
　内輪の話はさておき。

「思い出すこと」とは「癒される」こと
　過去世を思い出すことによって、自分の魂、つまり、自分という真の存在は、死ぬことのない永遠のものであることに気づきます。あなたは過去にも生きていたのであり、今ここにまた、こうしているのです。あなたは、ほんとうは決して死にません。愛する人々も死にはしないのです。あなた方は向こう側の世界か、あるいは、この物質の次元に再び戻ってきて、必ず再会できるのです。
　　　　　　　（『ワイス博士の前世療法』PHP 研究所　22 〜 24 頁）

　本書がみなさまのお役にたてますように。

　　　　　　　　　　　　　　　　　　　　　　　　　2012 年 9 月
　　　　　　　　　　　　　　　　　　　　　　　　　芝根秀和

◆ 資　料

■モンロー研究所とヘミシンク

　モンロー研究所やヘミシンクについての基礎情報です。さらに詳しく知りたい方は、ヘミシンク関連の本をお読みになるか、モンロー研究所もしくはアクアヴィジョン・アカデミーのホームページをご覧ください。

【モンロー研究所】
　モンロー研究所は、米国ヴァージニア州にある非営利の教育・研究機関です。人間意識の探究を主要な活動としており、意識状態に顕著な影響をもたらすオーディオ・サウンド・パターンを活用した研究活動で国際的に知られています。このオーディオ・ガイダンス技術がヘミシンクです。モンロー研究所はヘミシンクを活用した独自の教育プログラムと専門機関との共同研究を通して、人間意識の成長と進化に大きく貢献しています。

　モンロー研究所はロバート・モンロー（1915〜1995）によって設立されました。モンローは既存の宗教のような教条主義に陥ることを極度に嫌い、人から教えられたり強制されたりするのではなく、自らの体験を通して発見することを最も重視しました。

　モンロー研究所ではロバート・モンローの遺志を受け継ぎ、これまでに発見されてきた事柄を押し付けることはしていません。自らの体験を最重要視しています。いかなる宗教、思想、信条、信仰からも自由な立場にあるため、世界中のあらゆる宗教、信条の人たちが訪問しています。

【ヘミシンク】
　ヘミシンクは、モンロー研究所によって特許取得されたオーディオ・ガイダンス技術です。ロバート・モンローは、特定のサウンド・パターンが人間の意識をさまざまな状態へと導くことに着目し、自身の経験をもとにヘミシ

ンクを開発しました。その後、医療機関や大学との共同研究によって科学的にも臨床的にも証明され、さらに 50 年以上にわたる実証的な教育・研究活動を通して洗練されてきました。

　ヘミシンク（Hemi-Sync®）は、ヘミスフェリック・シンクロナイゼーション（Hemispheric Synchronization ＝左右半球脳の同調）の略です。

　ヘミシンクに関するモンロー研究所と専門機関との共同研究は現在も続けられ、さまざまな応用技術が開発されてきました。その成果は、数々のヘミシンク CD などの製品として世に送り出されており、多くの人々に利用されるほか、セラピストや医療機関、教育者などの専門家にも広く活用されています。また、ヴァージニアのモンロー研究所において実施されている滞在型プログラムをはじめ、世界中のヘミシンク・ワークショップにおいて利用されています。

　ヘミシンクは、長年の研究と実績によって安全性と有効性が証明されています。また、サブリミナル（潜在意識に働きかける）メッセージは使われていません。聴く人が自分自身のコントロールを失うことはありません。

【フォーカス・レベル】

　ヘミシンクによって誘導される"変性意識状態"では、「至高感覚・至高体験」や「超感覚的知覚」など、通常ではありえない、さまざまな体験が可能になると言われています。

　変性意識にはさまざまな状態が存在するため、ロバート・モンローは、特定の意識状態を表す指標として、便宜上フォーカス・レベルという概念を導入しました。そこでは、数字によって意識状態が示されています。そして、それぞれのフォーカス状態（レベル）に導くためのヘミシンク周波数を特定しました。これによって、ヘミシンクの周波数に誘導されて共通の意識状態（＝フォーカス・レベル）に導かれ、その領域における体験を共有することが可能になりました。

フォーカス1	意識が物質世界にしっかりある状態。覚醒した状態。
フォーカス10	肉体は眠り、意識は目覚めている状態
フォーカス12	知覚・意識の拡大した状態
フォーカス15	無時間の状態（単に"存在する"状態）
フォーカス21	この世（Here）とあの世（There）の架け橋の領域
フォーカス23	囚われの世界（執着状態／孤独状態）
フォーカス24〜26	信念体系領域（共通の信念や価値観）
フォーカス27	輪廻の中継点（転生準備のための様々な場）
フォーカス34/35	地球生命系内の時間を超えた意識の広がり、つながり
フォーカス42	太陽系を超えた銀河系内の意識の広がり、つながり
フォーカス49	銀河系を超えた銀河系近傍の意識の広がり、つながり
さらに上のレベル	この宇宙を超えた意識の広がり、つながり。帰還のための大きなエネルギーの流れ

■アクアヴィジョン・アカデミー

アクアヴィジョン・アカデミーは、モンロー研究所で開発されたヘミシンクと、それを用いて得られるさまざまな知見を日本に正しく伝え普及することを目的に設立されました。アクアヴィジョンでは、ヘミシンク・セミナーを開催するほか、オンライン・ショップでのヘミシンクCD販売などの活動を行なっています。

世界に20名弱しかいない公認レジデンシャル・ファシリテーターである坂本政道が代表を務め、さらに9名の公認アウトリーチ・ファシリテーターを含めて11名のヘミシンク・トレーナーを擁し、日本におけるヘミシンクの普及をリードしています。

■ヘミシンク・セミナー

モンロー研究所では現在、さまざまな種類の滞在型プログラム（一週間）を開催しています。そのうち、アクアヴィジョン・アカデミーで現在提供しているのは、以下の5種類です。いずれも日本で開催しています。

アクアヴィジョン主催 モンロー研プログラム	ゲートウェイ・ヴォエッジ、ライフライン、エクスプロレーション27、スターラインズ、スターラインズⅡ

また、アクアヴィジョン・アカデミーでは、次のようなさまざまなヘミシンク体験セミナーを開催しています。

1日コース	エクスカージョン・ワークショップ、ガイドとの交信コース チャクラヒーリングコース、フォーカス15願望実現コース フォーカス15超時空コース、フォーカス21探索コース バシャールコース、ピラミッド体験入門コース
2日コース	フォーカス15創造性・直感力コース フォーカス27体験コース、トータルセルフ体験コース
3泊4日	ガイドとの邂逅セミナー、アセンション・セミナー

■問い合わせ先

【ヘミシンクCD】
■ハート出版のオンライン・ショップ
http://www.rakuten.ne.jp/gold/heart810/
〒171-0014　東京都豊島区池袋3-9-23
TEL：03-3590-6077　　FAX：03-3590-6078
■アクアヴィジョン・アカデミー・ショップ
http://www.aqu-aca-shop.com/
〒287-0236 千葉県成田市津富浦1228-3
TEL：0476-73-4114（平日／10:00〜17:00）　FAX：0476-73-4173

【ヘミシンク・セミナー】
■アクアヴィジョン・アカデミー　セミナー受付
http://www.aqu-aca.com/
TEL：03-3267-6006（平日／10:00〜17:00）　FAX：03-3267-6013

【モンロー研究所】
■ The Monroe Institute
http://www.monroeinstitute.org
365 Roberts Mountain Road, Faber, VA 22938
Phone: (434) 361-1500　　Toll Free: (866) 881-3440　　Fax (434) 361-1237
Office Hours: 9:00 a.m. - 5:00 p.m. EST
Email: info@monroeinstitute.org

■参考書籍

1）ロバート・モンロー
　・体外への旅―未知世界の探訪はこうして始まった！（ハート出版）
　・魂の体外旅行―体外離脱の科学（日本教文社）
　・究極の旅―体外離脱者モンロー氏の最後の冒険（日本教文社）
2）ブルース・モーエン
　・死後探索１～４（ハート出版）
3）ブライアン・ワイス（いずれもPHP研究所）
　・前世療法―米国精神科医が体験した輪廻転生の神秘
　・前世療法②―米国精神科医が挑んだ、時を超えた癒し
　・「前世」からのメッセージ―人生を癒す魂との出会い
　・魂の伴侶―ソウルメイト　傷ついた人生をいやす生まれ変わりの旅
　・未来世療法―運命は変えられる
　・ワイス博士の前世療法―心を癒すスピリチュアルの旅
4）本田健
　・未来は、えらべる！（VOICE）
5）江原啓之
　・人はなぜ生まれいかに生きるのか（ハート出版）
6）坂本政道
　・死後体験Ⅰ～Ⅳ（ハート出版）
　・人は、はるか銀河を越えて（講談社インターナショナル）
　・バシャール×坂本政道　人類、その起源と未来（VOICE）
　・死の「壁」を超えるスーパー・ラブ　増補改訂（ハート出版）
　・ヘミシンク入門（ハート出版）（植田睦子との共著）
7）坂本政道／芝根秀和
　・ヘミシンク完全ガイドブックⅠ～Ⅵ（ハート出版）
　・これならわかる！ヘミシンク入門の入門（ハート出版）
8）芝根秀和
　・あきらめない！　ヘミシンク（ハート出版）

●監修者プロフィール

坂本政道　さかもとまさみち

モンロー研究所公認レジデンシャル・ファシリテーター
（株）アクアヴィジョン・アカデミー代表取締役
（http://www.aqu-aca.com）
1954年生まれ。東京大学理学部物理学科卒、カナダトロント大学電子工学科修士課程修了。
1977年〜87年、ソニー（株）にて半導体素子の開発に従事。
1987年〜2000年、米国カリフォルニア州にある光通信用半導体素子メーカーＳＤＬ社にて半導体レーザーの開発に従事。2000年、変性意識状態の研究に専心するために退社。2005年2月（株）アクアヴィジョン・アカデミーを設立。
著書：「体外離脱体験」（幻冬舎文庫）、「死後体験シリーズⅠ〜Ⅳ」「絵で見る死後体験」「2012年目覚めよ地球人」「分裂する未来」「アセンションの鍵」「坂本政道ピラミッド体験」「あなたもバシャールと交信できる」「坂本政道　ブルース・モーエンに聞く」「東日本大震災とアセンション」「激動の時代を生きる英知」「ベールを脱いだ日本古代史」（以上ハート出版）、「超意識 あなたの願いを叶える力」（ダイヤモンド社）、「人は、はるか銀河を越えて」（講談社インターナショナル）、「体外離脱と死後体験の謎」（学研）、「楽園実現か天変地異か」「屋久島でヘミシンク」「地球のハートチャクラにつながる（アメーバブックス新社）、「5次元世界の衝撃」「死ぬことが怖くなくなるたったひとつの方法」（徳間書店）、「バシャール×坂本政道」（VOICE）「宇宙のニューバイブレーション」「地球の『超』歩き方」（ヒカルランド）など。
ブログ：MAS日記（http://www.aqu-aca.com/masblog/）

●著者プロフィール

芝根秀和　しばね　ひでかず

アクアヴィジョン・アカデミー公認ヘミシンク・トレーナー
モンロー研究所公認アウトリーチ・ファシリテーター
（有）エル・アイ・ビイ　代表取締役
LIB（http://www.letitbe.co.jp/）
トランスパーソナル研究室（http://letitbe.typepad.jp/）
1954年、岡山県生まれ。北海道大学教育学部（産業教育専攻）卒業。
コンサルティング会社、テレマーケティング会社、フリーランスを経て、1988年、電通パブリックリレーションズに入社。2000年（有）エル・アイ・ビイ設立。コミュニケーション・デザイン業務を実施。
2007年4月よりアクアヴィジョン・アカデミー公認ヘミシンク・トレーナー、2009年9月よりモンロー研究所公認アウトリーチ・ファシリテーターとなる。
日本メンタルヘルス協会公認心理カウンセラー、日本トランスパーソナル学会会員。
著書：「ヘミシンク完全ガイドブック　WaveⅠ〜Ⅵ」「あきらめない！　ヘミシンク」「これならわかる！ヘミシンク入門の入門」（ハート出版）
ブログ：呉剛環蛇（http://letitbe.typepad.jp/hide/）

＊＊＊ 驚異のヘミシンク実践シリーズ ＊＊＊

シリーズ 0 (ゼロ)「ヘミシンク入門の入門」(既刊)
概要／これならわかる！ ヘミシンク・イマジネーション実践ガイド
- 1 章　ヘミシンクの可能性
- 2 章　ヘミシンクの基礎知識
- 3 章　ヘミシンクＣＤの選び方
- 4 章　ヘミシンクのエクササイズ
- 5 章　ヘミシンク・イマジネーション
- 6 章　エクササイズの実践
- 7 章　ヘミシンク・セミナー

シリーズ①「ヘミシンク入門」(既刊)
概要／未知領域への扉を開く夢の技術ヘミシンクの基礎と実践
- 1 章　ロバート・モンローとは
- 2 章　ヘミシンクとは何でしょうか
- 3 章　ヘミシンクの正しい聴き方
- 4 章　メンタル・ツール（効果絶大な想像上の道具）1
- 5 章　フォーカス・レベルとは
- 6 章　フォーカス 10（肉体は眠り意識は目覚める）
- 7 章　メンタル・ツール（効果絶大な想像上の道具）2
- 8 章　フォーカス 12（空間からの自由）
- 9 章　メンタル・ツール（効果絶大な想像上の道具）3
- 10 章　ヘミシンクと体外離脱
- 11 章　フォーカス 15（時間からの自由）
- 12 章　フォーカス 21（あの世とこの世の架け橋）
- 13 章　ヘミシンク効果を最大限に引き出すために
- 14 章　市販ヘミシンクＣＤ
- 15 章　Ｑ＆Ａ

シリーズ②「ガイドとの交信マニュアル」(既刊)
概要／ガイドとつながるためのノウハウ、交信のための 12 のコツ
- 1 章　ヘミシンク基礎知識
- 2 章　準備のプロセスとメンタルツール
- 3 章　ガイドとは
- 4 章　ガイドからのメッセージのかたち
- 5 章　交信のコツ
- 6 章　ヘミシンクでガイドと交信
- 7 章　ガイドと歩むヘミシンク・ライフ

シリーズ③「超時空体験マニュアル」

シリーズ④「念力／ヒーリング・マニュアル」(タイトル、内容ともに予定)
概要／ヒーリングについて学ぶためのステップ・バイ・ステップのマニュアル

驚異のヘミシンク実践シリーズ③
超時空体験マニュアル

平成24年10月17日　第1刷発行

監修者　　坂本政道
著者　　　芝根秀和
発行者　　日高裕明
©2012 Sakamoto Masamichi　Shibane Hidekazu　Printed in Japan

発行　　ハート出版

〒171-0014　東京都豊島区池袋３－９－23
TEL03-3590-6077　FAX03-3590-6078
ハート出版ホームページ　http://www.810.co.jp

乱丁、落丁はお取り替えします。その他お気づきの点がございましたらお知らせ下さい。
ISBN978-4-89295-916-5　　編集担当／藤川　印刷／大日本印刷

初心者からベテランまで役立ちます

ヘミシンク・セミナーのノウハウをもとに編集。実際のセミナーと同じようなスタイルで学習を積み重ねていくことができる。

ファン待望のガイドブック。

ヘミシンク完全ガイドブック
家庭学習用プログラム
ゲートウェイ・エクスペリエンス
Wave Ⅵ オデッセイ（旅）
坂本政道 監修
芝根秀和 著
ハート出版

ヘミシンク家庭用学習プログラム
『ゲートウェイ・エクスペリエンス』
完全準拠！

ヘミシンク完全ガイドブック Wave Ⅰ 〜 Wave Ⅵ

坂本政道／監修　芝根秀和／著

Wave Ⅰ　本体　2500 円　　Ⅱ〜Ⅵ　本体各 2000 円

『ゲートウェイ・エクスペリエンス』対応ＣＤがついたセット
ヘミシンク完全ガイドブック CDBOX もあります

Wave Ⅰ　　　本体　14000 円
Wave Ⅱ〜Ⅵ　本体各 13500 円
ＣＤと書籍を別々に買うより500円お得！

※この「完全ガイドブック」の内容は、アクアヴィジョン・アカデミーのセミナーで教えているものです。モンロー研究所で発行する公式出版物ではありません。

※上記は直販、通販および一部書店（特約店）のみの販売商品です。

ヘミシンク実践シリーズ

ヘミシンク 入門の入門

驚異のヘミシンク実践シリーズ0

ヘミシンク実践のための初歩の初歩の解説書。楽しみ方や疑問解消、CDの選び方まで。

本体１３００円

坂本政道／監修　芝根秀和／著

ヘミシンク入門

驚異のヘミシンク実践シリーズ1

ヘミシンクの基本知識とその可能性を紹介。誰でも気軽に体験できるためのコツと心得。

本体１３００円

坂本政道／監修　植田睦子／著

ガイドとの交信マニュアル

驚異のヘミシンク実践シリーズ2

ヘミシンクライフをさらに楽しむヒント、あなたのガイドと確実にコンタクトできるコツ満載。

本体１３００円

坂本政道／監修　藤由達藏／著

坂本政道の本

アセンションの鍵
2012年とアセンションの大きな誤解。バシャールとの交信が真実を明らかにする。
本体1500円

ピラミッド体験
バシャールが教えたピラミッド実験で古代の叡智が暴かれる!!
本体1800円

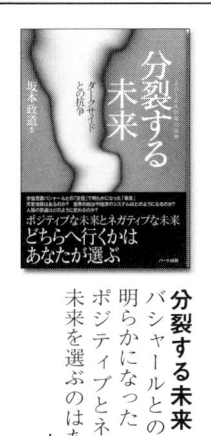

分裂する未来
バシャールとの「交信」で明らかになった「事実」。ポジティブとネガティブ、未来を選ぶのはあなた。
本体1500円

2012年目覚めよ地球人
2012年は一大チャンスだ。人類は「輪廻」から卒業する。
本体1500円

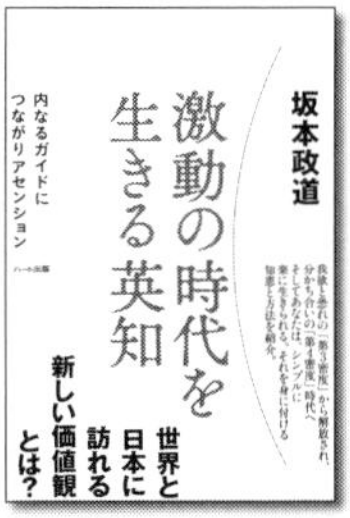

激動の時代を生きる英知
世界規模の激しい変化。人類がこれからを生き抜くために必要な英知を内なる高次意識に聞く。
本体1400円

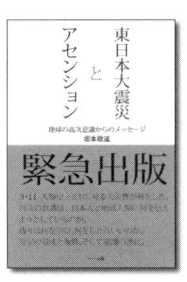

東日本大震災とアセンション
3・11の意味とは？ そしてこれからの日本と世界は……。
本体1300円

死後体験
日本人ハイテクエンジニアによる世界観が一変する驚異の体験報告。シリーズは4まで。
本体1500円

2012人類大転換
我々はどこから来たのか？ 死後世界から宇宙までの数々の謎が解き明かされる。
「死後体験」シリーズ4。
本体1500円

坂本政道の著：推薦本

あなたもバシャールと交信できる

宇宙の叡智として知られるバシャールは
あなたからのコンタクトを待っている。
この方法で、親しい友人と会話するかのように、
高次の存在と「会話」できるようになる。

坂本政道／著

《CD》 ※直販商品
本体２５００円

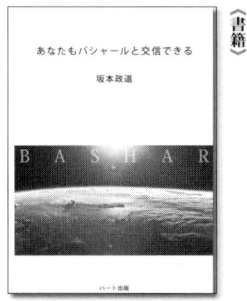

《書籍》
本体１８００円

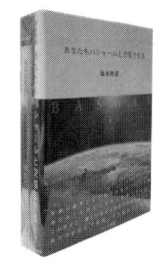

《書籍＋CDセット》 ※直販商品
本体４０００円

絵で見る死後体験

あのベストセラー「死後体験」の世界を本人直筆イラストによって再現。あなたの人生観を変えるかもしれない一冊！

本体１５００円　　坂本政道／著

ヘミシンク浄化法

ヘミシンクを使って日常生活で楽しく活用できる簡単で効果的な自己浄化法などを紹介。

本体１３００円

坂本政道／推薦　　山口幸子／著

坂本政道著：監訳本

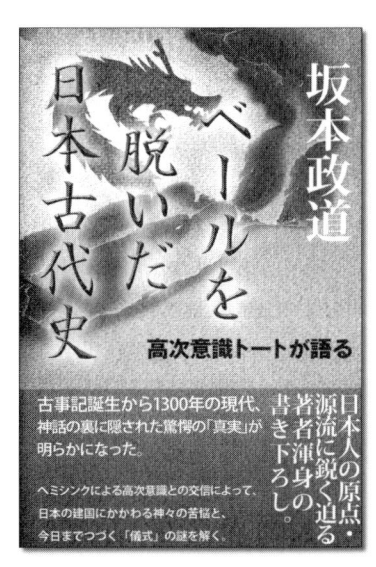

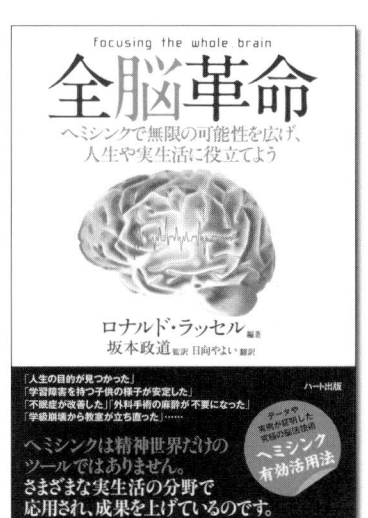

ベールを脱いだ日本古代史

坂本政道／著

本体　1800円

ヘミシンクの可能性をさらに広げた一冊。

卑弥呼はだれ？　邪馬台国はどこにあったのか？　三輪山の龍神と大物主　シャンバラからきたアマテラス族　神武東征の謎　ニギハヤヒに隠された物部氏の陰謀とは？　大和王権はどう確立されたのか？

ヘミシンクをつかい、当時と同じように高次の意識体からメッセージを受け取る方法で、古代史の謎に迫る。

全脳革命

ヘミシンクで無限の可能性を広げ、人生や実生活で役立てよう

ロナルド・ラッセル　編著
坂本政道　監訳

本体　2000円

ヘミシンクは精神世界だけのツールではない。
さまざまな実生活での分野で応用され、成果を上げている。
英国空軍で軍務で就いたのち、オックスフォード大を卒業、その後いくつかの大学で講座を担当したのちモンロー研究所の顧問委員、専門委員会のメンバーとなったR・ラッセルが各方面の論文などを一冊にまとめた実践論文としてのヘミシンク。

非物質世界へチャレンジ！

あきらめない！ヘミシンク

芝根秀和／著
坂本政道／推薦

本体　1800円

ベテランも初心者も、基本は同じ。
あきらめずに続けること。
ヘミシンク寝てばかりの著者が今はヘミシンクのトレーナー。なぜ？　どうして？
勝手に、自由に、想像してもいいのです。
想像が、豊かなヘミシンク体験を可能にするのです。
そのためのコツやテクニック、ポイントを多数紹介。
ヘミシンクで「いま一歩」という人に、オススメの一冊。

ブルース・モーエン
死後探索マニュアル

ブルース・モーエン／著
坂本政道／監訳

自分で出来る魂救出のエクササイズ。
ヘミシンクは使用しませんが、ヘミシンクを実践し、そのコツをつかんでいると、救出はたやすいものになります。
モーエンの誘導瞑想を実際に自分でもできるように解説したものです。
誘導部分のＣＤは別売。

本　　本体　2800円
ＣＤ　本体29000円（直販のみ）
本＋ＣＤセット　本体29800円（直販のみ）